Logística em
organizações de saúde

Central de Qualidade — FGV Management
ouvidoria@fgv.br

SÉRIE GESTÃO EM SAÚDE

Logística em
organizações de saúde

2ª edição

Renaud Barbosa da Silva

Geraldo Luiz de Almeida Pinto

Antonio de Pádua Salmeron Ayres

Bruno Elia

Copyright © 2016 Renaud Barbosa da Silva, Geraldo Luiz de Almeida Pinto, Antonio de Pádua Salmeron Ayres, Bruno Elia

Direitos desta edição reservados à
EDITORA FGV
Rua Jornalista Orlando Dantas, 37
22231-010 — Rio de Janeiro, RJ — Brasil
Tels.: 0800-021-7777 — 21-3799-4427
Fax: 21-3799-4430
E-mail: editora@fgv.br — pedidoseditora@fgv.br
www.fgv.br/editora

Impresso no Brasil/*Printed in Brazil*

Todos os direitos reservados. A reprodução não autorizada desta publicação, no todo ou em parte, constitui violação do copyright (Lei nº 9.610/98).

Os conceitos emitidos neste livro são de inteira responsabilidade dos autores.

1ª edição — 2010
2ª edição — 2016

Preparação de originais: Luiz Alberto Monjardim
Editoração eletrônica: FA Editoração Eletrônica
Revisão: Aleidis de Beltran e Marco Antonio Corrêa
Capa: aspecto:design
Ilustração de capa: Flávio Pessoa

> Silva, Renaud B. da (Renaud Barbosa da), 1939-
> Logística em organizações de saúde / Renaud Barbosa da Silva... [et al.]. — Rio de Janeiro : Editora FGV, 2016. 2 ed.
> 188 p. : il. — (Gestão em saúde (FGV Management))
>
> Em colaboração com Geraldo Luiz de Almeida Pinto, Antonio de Pádua Salmeron Ayres, Bruno de Sousa Elia.
> Publicações FGV Management.
> Inclui bibliografia.
> ISBN: 978-85-225-1862-3
>
> 1. Logística empresarial. 2. Administração de material. 3. Hospitais — Administração. I. Pinto, Geraldo Luiz de Almeida. II. Ayres, Antonio de Pádua Salmeron. III. Elia, Bruno de Sousa. IV. FGV Management. V. Fundação Getulio Vargas. VI. Título. VII. Série.
>
> CDD — 658.78

Aos nossos alunos e aos nossos colegas docentes,
que nos levam a pensar e repensar as nossas práticas.

Sumário

Apresentação 11

Introdução 15

1 | **Logística** 21

Conceitos 21

A logística hospitalar e sua relevância para a
realidade brasileira 26

Cadeia de suprimento em organizações hospitalares 28

2 | **Planejamento do suprimento** 33

Nível estratégico 34

Nível estrutural ou tático 36

Nível operacional 40

Ilustração de planejamento de uma ação logística:
transplante de órgãos 40

Desvendando o sistema de abastecimento hospitalar 43

3 | Previsão das necessidades de uma OH 47

Razões para a previsão das necessidades 47

Conceito de demanda 48

Métodos estatísticos para a previsão de demandas 51

Média aritmética 52

Média móvel 54

Média móvel ponderada exponencialmente
(ajustamento exponencial) 55

Previsão de demandas: caso ilustrativo 58

4 | Gestão dos estoques 61

Conceituação 61

Visão financeira dos estoques 62

Consignação de estoques 64

Função dos estoques 65

Planejamento dos estoques 66

Classificação dos estoques 67

Curva ABC: componentes 70

5 | Métodos para controle dos estoques 75

Fundamentos do controle de estoques 75

Método das quantidades fixas 78

Parâmetros de controle 79

Relações matemáticas aplicadas no controle
de estoques 84

Método das revisões periódicas 87

Cálculo do nível máximo ou referência para
determinar a quantidade de ressuprimento 91

Determinação da quantidade a ser adquirida 91

6 | Compras 93

A função compras 93
Fundamentos de compras 94
Compras e o processo de desenvolvimento
    de fornecedores 101
Critérios para a escolha de fornecedores 105
Detalhes sobre as principais atividades de compras 108
Compras no setor público 109

7 | Armazenagem e distribuição 113

Centro de distribuição 113
Esquema de endereçamento de materiais em CD 115
Unitização de cargas 116
Recebimento de materiais 120
Armazenagem específica para ambientes
    hospitalares 125
Armazenagem de fármacos 126
Armazenagem de insumos para nutrição e dietética 130
Armazenagem de insumos para lavanderia hospitalar 131
Armazenagem para manutenção 133
Armazenagem de itens de natureza geral e
    de gases medicinais 134
Distribuição 136

8 | Tecnologia aplicada à logística 143

Código de barras 144
Padrão EAN/GS1 145
Código bidimensional 149
Rastreamento de dados 154
Rastreamento via satélite: procedimentos 157

EDI: intercâmbio eletrônico de dados   158
Sistemas integrados de gestão (ERP/SIG)   160
Principais fornecedores de sistemas ERP   162

9 | Terceirização aplicada à área da saúde   163
Fundamentos da terceirização   163
Razões para a terceirização   166
Mudanças requeridas pelo processo de terceirização   168
Vantagens e fatores restritivos do processo   169

Conclusão   175

Referências   177

Sobre os autores   181

Apresentação

Este livro compõe as Publicações FGV Management, programa de educação continuada da Fundação Getulio Vargas (FGV).

A FGV é uma instituição de direito privado, com mais de meio século de existência, gerando conhecimento por meio da pesquisa, transmitindo informações e formando habilidades por meio da educação, prestando assistência técnica às organizações e contribuindo para um Brasil sustentável e competitivo no cenário internacional.

A estrutura acadêmica da FGV é composta por nove escolas e institutos, a saber: Escola Brasileira de Administração Pública e de Empresas (Ebape), dirigida pelo professor Flavio Carvalho de Vasconcelos; Escola de Administração de Empresas de São Paulo (Eaesp), dirigida pelo professor Luiz Artur Ledur Brito; Escola de Pós-Graduação em Economia (EPGE), dirigida pelo professor Rubens Penha Cysne; Centro de Pesquisa e Documentação de História Contemporânea do Brasil (Cpdoc), dirigido pelo professor Celso Castro; Escola de Direito de São Paulo (Direito GV), dirigida pelo professor Oscar Vilhena Vieira; Escola de Direito do Rio de Janeiro (Direito Rio), dirigida pelo professor Joaquim

Falcão; Escola de Economia de São Paulo (Eesp), dirigida pelo professor Yoshiaki Nakano; Instituto Brasileiro de Economia (Ibre), dirigido pelo professor Luiz Guilherme Schymura de Oliveira; e Escola de Matemática Aplicada (Emap), dirigida pela professora Maria Izabel Tavares Gramacho. São diversas unidades com a marca FGV, trabalhando com a mesma filosofia: gerar e disseminar o conhecimento pelo país.

Dentro de suas áreas específicas de conhecimento, cada escola é responsável pela criação e elaboração dos cursos oferecidos pelo Instituto de Desenvolvimento Educacional (IDE), criado em 2003, com o objetivo de coordenar e gerenciar uma rede de distribuição única para os produtos e serviços educacionais produzidos pela FGV, por meio de suas escolas. Dirigido pelo professor Rubens Mario Alberto Wachholz, o IDE conta com a Direção de Gestão Acadêmica pela professora Maria Alice da Justa Lemos, com a Direção da Rede Management pelo professor Silvio Roberto Badenes de Gouvea, com a Direção dos Cursos Corporativos pelo professor Luiz Ernesto Migliora, com a Direção dos Núcleos MGM Brasília, Rio de Janeiro e São Paulo pelo professor Paulo Mattos de Lemos, com a Direção das Soluções Educacionais pela professora Mary Kimiko Magalhães Guimarães Murashima e com a Direção dos Serviços Compartilhados pelo professor Gerson Lachtermacher. O IDE engloba o programa FGV Management e sua rede conveniada, distribuída em todo o país e, por meio de seus programas, desenvolve soluções em educação presencial e a distância e em treinamento corporativo customizado, prestando apoio efetivo à rede FGV, de acordo com os padrões de excelência da instituição.

Este livro representa mais um esforço da FGV em socializar seu aprendizado e suas conquistas. Ele é escrito por professores do FGV Management, profissionais de reconhecida competência acadêmica e prática, o que torna possível atender às demandas do mercado, tendo como suporte sólida fundamentação teórica.

A FGV espera, com mais essa iniciativa, oferecer a estudantes, gestores, técnicos e a todos aqueles que têm internalizado o conceito de educação continuada, tão relevante na era do conhecimento na qual se vive, insumos que, agregados às suas práticas, possam contribuir para sua especialização, atualização e aperfeiçoamento.

Rubens Mario Alberto Wachholz
Diretor do Instituto de Desenvolvimento Educacional

Sylvia Constant Vergara
Coordenadora das Publicações FGV Management

Introdução

A Organização Mundial de Saúde estabelece que um sistema de saúde constitui-se de todas as organizações, instituições, recursos e pessoas que tenham como principal objetivo melhorar a saúde. Para que esse sistema seja eficiente e eficaz é necessário o funcionamento integrado de setores relacionados a gestão de pessoas, infraestrutura, logística e recursos financeiros, entre outros.

Na logística, em particular, cabe observar que o hospital é apenas uma das instituições desse sistema, provavelmente a mais visível. De modo geral, no entanto, considera-se que suas operações fazem parte de uma complexa cadeia de suprimentos relacionada ao sistema de saúde, como veremos adiante.

Até o final da década de 1940, a logística era um assunto principalmente militar, desde que Antoine-Henri Jomini, oficial do exército de Napoleão, utilizou o termo em sua obra *Précis de l'art de la guerre* (1837), definindo-o como a arte de movimentar exércitos. Depois dos franceses, os americanos assumiram, no século XX, papel relevante na pesquisa logística. O Dia D, ou a invasão da Normandia, resultou de notável aplicação dos princípios logísticos de Jomini. Depois da guerra, o Plano Marshall para a reconstrução da Europa também é um exemplo notável de aplicação da logística.

A partir dos anos 1950, a guerra espacial entre a antiga União Soviética e os Estados Unidos produziu recursos que têm sido úteis para a gestão logística, como as técnicas de planejamento de suprimentos, criadas para viabilizar o Projeto Polaris. A montagem desse foguete, com milhares de componentes fabricados por centenas de produtores localizados em pontos diversos dos Estados Unidos, só foi realizada com sucesso graças ao uso da técnica Pert, desenvolvida especificamente para esse fim. No caso das organizações de saúde, podemos considerar a realização de transplantes de órgãos como exemplo marcante de uma operação logística, semelhante a operações militares, com emprego de técnicas de planejamento do tipo Pert-CPM, tornadas eficazes como recursos da gestão de projetos.

De modo geral, a logística aplicada às organizações, incluindo as áreas de saúde, é uma atividade recente que a cada dia se renova, principalmente a partir do *boom* tecnológico decorrente da tecnologia da informação (TI).

As organizações hospitalares (OHs) têm como principal objetivo prover o bem-estar e a recuperação da saúde de seus pacientes. Entretanto, para alcançar esse objetivo, dependem de um número considerável de empresas que as proveem de equipamentos, materiais de consumo, serviços diversos e outros insumos essenciais ao exercício de suas atividades. Por sua vez, essas empresas satélites também estão interligadas a outras instituições que as suprem materialmente, e assim sucessivamente, num processo complexo de relação cliente/provedor. Na realidade, uma OH é um dos exemplos marcantes de uma organização logística.

Na área de saúde, emergiu a logística humanitária, praticada em âmbito mundial (cerca de 70 países) a partir da organização

Médicos Sem Fronteiras (MSF), criada por médicos e jornalistas franceses, face à carência ocorrente em áreas de conflitos e de acidentes naturais. Além disso, o MSF ajuda na assistência à saúde e na mitigação da miséria em regiões onde o abandono das autoridades é máximo. A característica da logística humanitária é sua amplitude, com conexões em nível de milhares de quilômetros entre demandas e recursos em pessoas, suprimentos e serviços.

Em termos logísticos, uma OH não é muito diferente de uma montadora de veículos, por exemplo, ou de uma refinaria de petróleo. O que as difere é o grau de prioridade atribuído a uma ou a outra atividade. A falta de mecânicos e de materiais para a linha de montagem pode ser compensada por uma reprogramação da produção. A falta de profissionais de saúde, de equipamentos e de suprimentos médico-farmacêuticos pode inviabilizar as atividades de um hospital e causar irreparáveis danos à vida. O prolongamento desta não pode ser reprogramado como uma linha de produção. Entretanto, a aquisição, recepção, armazenagem e controle de estoques e outras atividades correlatas podem ser geridos por meio de instrumentos e recursos de TI semelhantes. Em resumo, os hospitais são sistemas logísticos complexos, que devem ser administrados com eficiência e foco nos ganhos de produtividade.

O contexto brasileiro de precariedade do sistema de saúde pública acentua ainda mais as necessidades de ganhos de produtividade e qualidade nos serviços de saúde, pois a limitação do orçamento destinado aos hospitais da rede pública exige que essas instituições otimizem os escassos recursos disponíveis.

Neste livro, a logística será tratada de modo geral, porém com uma abordagem voltada para a gestão de OHs, principalmente quando se discutirem questões que envolvam prioridades nas decisões gerenciais. Cabe ressaltar que, em todas as situações, o hospital não é visto como uma questão médica, e sim como um desafio relacionado à saúde, envolvendo todos os profissionais que lá exercem funções de natureza específica, porém interdependentes.

Esclarecemos que o termo *suprimento* será aqui empregado, no singular ou no plural, como equivalente, do ponto de vista conceitual, à logística.

O livro está dividido em nove capítulos. O primeiro, "Logística", detalha conceitualmente essa função, tomando como referência as organizações hospitalares (OHs). Além disso, apresenta um modelo da cadeia de suprimentos aplicável a esse tipo de organização.

O segundo capítulo, "Planejamento do suprimento", aborda esse tema a partir da divisão clássica dos níveis estratégico, tático e operacional em organizações hospitalares. Nele são discutidas questões relacionadas à formulação de objetivos, programas e protocolos de execução no ambiente hospitalar.

O capítulo seguinte, "Previsão das necessidades de uma OH", é o primeiro a tratar de questões técnicas relacionadas à logística. Nele se analisam as demandas de uma OH e os métodos quantitativos adotados para sua previsão, a qual serve de base para a gestão de outras funções logísticas.

O quarto capítulo, "Gestão dos estoques", aborda as questões a serem levadas em conta pelos gestores para tratar das necessidades de materiais e equipamentos de uma OH. Examinam-se as características dos estoques, incluindo sua classificação sob diversos aspectos. O método de Pareto (ou curva ABC) é apresentado como uma das principais ferramentas para o planejamento das ações gerenciais sobre estoques.

O quinto capítulo, "Métodos para controle dos estoques", é essencialmente técnico, com a descrição detalhada dos parâmetros de controle usualmente adotados para os estoques das organizações em geral. Além disso, são apresentados os dois principais métodos aplicáveis ao controle de estoques de uma OH: o das quantidades fixas e o das revisões periódicas.

No sexto capítulo, "Compras", são apresentadas as principais características dessa função, além de questões relativas às aquisições pelas organizações do setor público, sujeitas a legislação específica para a realização das licitações.

"Armazenagem e distribuição" é outro capítulo técnico, contendo a descrição das características das instalações de armazenagem, inclusive o *layout* de centros de distribuição e os métodos para endereçamento/localização de itens. A distribuição também é contemplada, com destaque para as operações de *cross-docking*. Outro ponto realçado é o detalhamento dos recursos de unitização de cargas, desde o palete padronizado PBR-1 até os contêineres universalmente utilizados.

No oitavo capítulo, "Tecnologia aplicada à logística", são apresentados os principais recursos empregados na identificação de materiais, desde os diversos tipos de códigos de barras até as modernas etiquetas inteligentes, conhecidas como *radio frequency identification device* (RFID). Abordam-se, igualmente, os recursos de rastreamento de cargas via satélite e os sistemas de gestão de centros de distribuição (WMS), além dos sistemas integrados de gestão empresarial (ERP).

O último capítulo, "Terceirização aplicada à área da saúde", expõe os conceitos e elementos básicos da terceirização, mostrando as vantagens e desvantagens de sua operacionalização.

1

Logística

Neste capítulo você será apresentado aos conceitos básicos de logística, aplicáveis às organizações em geral e ao setor de saúde em particular. Serão discutidos os elementos básicos que sustentam a moderna logística, tais como a infraestrutura de transportes e armazenagem, a tecnologia, a gestão da cadeia de suprimentos e o papel do conhecimento das pessoas nesse processo. A partir desse conjunto de informações você poderá orientar seus estudos de forma a aplicá-las à sua área de trabalho.

Conceitos

A logística é conceituada de diversas formas, desde o conceito tradicional de administração de material, vigente nos anos 1970, até a visão atual da gestão da cadeia de suprimento (*supply chain management*). No primeiro caso, logística é um

> Processo de gerenciamento estratégico da compra, do transporte
> e da armazenagem de matérias-primas, partes e produtos aca-
> bados (além dos fluxos de informação relacionados) por parte

da organização e de seus canais de marketing, de tal modo que a lucratividade atual e futura sejam maximizadas mediante a entrega de encomendas com o menor custo asssociado.[1]

Nota-se que o autor baseou o conceito nas operações de um núcleo operacional, com pouca referência à cadeia de suprimentos, privilegiando o canal de marketing, visão que torna o conceito voltado provavelmente para empresas comerciais. Ponto importante é a associação com os fluxos de informações correlatos, uma referência à tecnologia da informação (TI), geradora do nível atual de desenvolvimento da logística.

Outro conceito, mais amplo, é:

> Conjunto que trata do movimento, em todos os sentidos, de materiais, serviços, recursos financeiros, pessoas e informações, nos ambientes inter e intraempresarial, com eficácia (alcance de objetivos), eficiência (otimização de custos) e efetividade (compromisso com o social e com o meio ambiente).[2]

Nesse caso, o autor despiu-se das referências tradicionais e procurou visualizar a logística da forma mais dinâmica possível, de modo que pudesse ser associada a qualquer tipo de organização ou de empreendimento. Serve para empresas industriais, comerciais ou de serviços, hospitais, eventos como uma Copa do Mundo de futebol, uma Olimpíada ou corrida de Fórmula 1. O ponto central do conceito é que o melhor resultado de um esforço logístico é o alcance simultâneo, quase utópico, do melhor custo, do melhor resultado e da melhor aceitação para uma operação logística. Serve, basicamente, como objetivo a ser atingido, principalmente em ambiente de

---

[1] Christopher, 2007:3.
[2] Conceito desenvolvido por Renaud Barbosa da Silva em cursos e palestras.

gestão colaborativa. Para ilustrar, considere o seguinte caso real, descrito a seguir:

> No fim de março de 2001, o paranaense Erickson Blun, diretor técnico e comercial do Hospital Anchieta, de Brasília, teve uma péssima reunião com representantes de uma seguradora. A conversa, com negociações complicadíssimas, havia sido tão desgastante quanto uma cirurgia. A ponto de ele se perguntar: "será que todos os hospitais têm esse tipo de problema?". Imediatamente, Blun pegou o telefone e começou a ligar para grandes hospitais privados do país, pedindo para falar com o "número 1" ou o "manda-chuva" (ele não sabia o nome da maioria dos executivos). Propôs um fórum para discutir os problemas do setor. Em maio, diretores de 22 instituições se reuniram em Brasília para o Brasil Top Hospital — I Fórum Nacional de Hospitais Privados. Compareceram ao encontro representantes de hospitais de vários estados, como o gaúcho Moinhos de Vento, o paulista Albert Einstein e o cearense Monte Klinikum. Dessa reunião nasceu a Associação Nacional dos Hospitais Privados (Anahp). Entre os objetivos da entidade estão padronizar procedimentos médicos, criar mecanismos de certificação de qualidade e, é claro, ganhar força nas negociações com clientes e fornecedores. No fim de outubro, a Anahp organizou a primeira licitação para a compra conjunta de 115 medicamentos básicos. "Conseguimos cerca de 10% de redução nos preços, num negócio de 10,5 milhões de reais", diz Blun, que se tornou diretor financeiro da entidade. "Agora, pretendemos fazer o mesmo com material médico e equipamentos."[3]

Acrescente-se que o Hospital Albert Einstein implantou o rastreamento da dispensação com o uso de etiquetas inteli-

---

[3] Apud Pinto (2004:14).

gentes RFID, provavelmente um primeiro passo para que seu emprego seja disseminado e utilizado de forma colaborativa por outros hospitais. Esse é o espírito da gestão colaborativa na logística que busca eficiência, eficácia e efetividade. Além disso, o hospital implantou o mesmo recurso para localização de equipamentos, procedimento que agiliza o atendimento e aumenta a eficácia dos serviços hospitalares.

Outra forma de abordar a logística, em termos conceituais, é visualizá-la segundo quatro pilares interdependentes: infraestrutura, cadeia de suprimento, tecnologia e pessoas. Dada a abrangência adotada, a logística passa a ser considerada, também, como de natureza empresarial, participante ativa do planejamento estratégico de qualquer organização. Na figura 1 são mostrados os elementos formadores desse conceito formulado para a logística empresarial.

Figura 1
ELEMENTOS ESSENCIAIS DE SUPORTE À LOGÍSTICA EMPRESARIAL

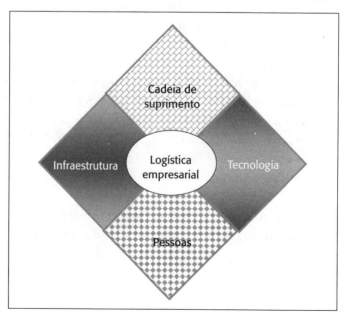

Infraestrutura é o pilar físico desse conceito, significando a disponibilidade de meios de transporte, de comunicações, de energia e de outros componentes que possibilitem alcançar os objetivos logísticos. Em síntese, no setor crucial dos transportes, é necessário que as organizações em geral, incluindo as do setor de saúde, disponham de rodovias, ferrovias, hidrovias e aerovias operantes e a custos competitivos.

Cadeia de suprimento é a forma de integrar todos os atores do processo logístico das organizações, levando-os a colaborarem mutuamente para que a gestão dessa cadeia atinja, positivamente, o elo final, o mais importante de todos — o cliente, o único que dispõe da moeda positiva que vai realizar o processo de transformação de bens e de serviços.

Tecnologia é representada pelos recursos que tornaram possível o melhor uso da infraestrutura logística por meio das diversas cadeias de suprimento que interligam a produção de bens e serviços. Algumas das aplicações tecnológicas envolvidas são: o código de barras, as etiquetas inteligentes (RFID), a internet, o *global positioning system* (GPS), os satélites de comunicação, os softwares embarcados em veículos e conectados via satélite, os sistemas integrados de gestão (ERP) e outros que vão surgindo graças à rapidez da TI moderna.

De todos, o mais importante é o dono do conhecimento: as pessoas, sem as quais não seria possível utilizar a tecnologia para movimentar a cadeia de suprimento dentro da infraestrutura logística. No setor de saúde, essas pessoas, de formação diferenciada — médicos, enfermeiros, nutricionistas, fisioterapeutas, farmacêuticos, bioquímicos, psicólogos, assistentes sociais, instrumentadores, auxiliares de enfermagem, técnicos de laboratório, operadores de raios X, motoristas de ambulâncias, auxiliares logísticos hospitalares, administradores, engenheiros, mecânicos, eletricistas e muitos outros profissionais —, são responsáveis pelo alcance dos objetivos da logística na área de saúde: prestar o melhor serviço ao cliente, sendo eficaz e eficiente, e com responsabilidade social. Na gestão hospitalar é essencial que todas essas pessoas trabalhem em equipe, de modo que o resultado individual de seus esforços seja apenas parte de um conjunto sinérgico, como estabelece o modelo conceitual apresentado.

A logística hospitalar e sua relevância para a realidade brasileira

Nos principais centros mundiais, as organizações hospitalares vêm incentivando os profissionais ligados direta ou indiretamente à prestação dos serviços de saúde a buscarem ganhos de produtividade na execução desses serviços. No contexto brasileiro, a precariedade do sistema de saúde pública acentua as necessidades de busca da eficiência — termo alternativo para produtividade. Alguns dos fatores que impactam esse objetivo são a limitação orçamentária e a burocracia na liberação de verbas, tanto para investimento quanto para custeio das organizações hospitalares. No campo particular da logística — compras, por exemplo —, as relações com os fornecedores ainda são objeto de acirrados debates sobre questões éticas, comerciais e legais. Irregularidades diversas, como falsificação de medicamentos, excessos terapêuticos, manipulação de prazos de validade e outras ocorrências similares, têm sido largamente divulgadas na imprensa.

A má gestão pública dos recursos necessários para garantir a universalidade da prestação dos serviços de saúde ao cidadão, como prevê a Constituição Federal, favorece a privatização do serviço médico-assistencial a partir do fortalecimento de empresas seguradoras de saúde, hospitais e clínicas particulares. Essas empresas investem continuamente na melhoria de seus processos, a fim de:

- conquistar vantagens competitivas em relação a seus concorrentes;
- obter maiores fatias de mercado;
- reduzir os custos e, consequentemente, auferir maior lucratividade;
- agregar aos serviços prestados novas tecnologias e metodologias resultantes da evolução natural e de novas descobertas no âmbito da saúde.

Em suma, seja qual for a fonte de recursos — pública ou privada —, o objetivo é comum: otimizar/racionalizar os recursos utilizados na prestação de serviços hospitalares. A motivação é o diferencial: enquanto nos hospitais privados a motivação advém do desejo/necessidade de reduzir os custos para auferir maiores lucros e aumentar a competitividade, nos hospitais públicos ela consiste em tentar cumprir as metas de funcionamento com os escassos recursos orçamentários.

A formação profissional de bons gestores, a implementação de ferramentas gerenciais e a introdução de novas tecnologias, visando incrementos em qualidade e produtividade, não são tarefas simples. O desafio é grande, exigindo consideráveis investimentos e muito empenho. Em contrapartida, é possível alcançar reduções significativas de custos e despesas, assim como ganhos na qualidade e confiabilidade dos serviços prestados.

Nesse contexto, a logística tem cumprido papel fundamental na gestão hospitalar, seja na redução de custos, seja no aumento da confiabilidade do sistema de abastecimento hospitalar.

O estudo da logística pelos profissionais que atuam na administração hospitalar passou a receber maior atenção a partir de meados dos anos 1990, basicamente por duas razões:

- foi somente em meados dos anos 1980 que a logística ganhou maior importância entre as empresas de serviço; antes disso, a maioria de suas aplicações era industrial;

❏ até bem pouco tempo, a gestão de empreendimentos na área da saúde era exercida quase exclusivamente por profissionais dessa área (médicos, farmacêuticos, enfermeiros, fisioterapeutas, nutricionistas etc.), sem uma adequada formação ou qualquer experiência em gestão.

Atualmente, a maioria dos hospitais norte-americanos é gerida por administradores profissionais, sem formação médica.[4] No Brasil, os cursos regulares de graduação em administração hospitalar são recentes. De acordo com a Federação Brasileira de Administradores Hospitalares, não mais de 20% do total de hospitais públicos e privados são geridos por administradores que tiveram uma formação adequada, inclusive no campo da logística. Presume-se que apenas esse pequeno número de instituições poderia gozar dos benefícios que a gestão logística é capaz de oferecer.

No início deste capítulo, falamos da importância da gestão da cadeia de suprimento. Agora mostraremos como isso pode ser posto em prática, a partir do conceito e da estrutura de uma cadeia.

Cadeia de suprimento em organizações hospitalares

Nas organizações em geral, essa cadeia abrange

> o planejamento e a gestão de todas as atividades envolvidas na seleção de fontes de fornecimento, na aquisição, na transformação e em todas as atividades de gestão logística. Inclui, também, a coordenação e a colaboração com parceiros que podem ser fornecedores, intermediários, prestadores de serviços (terceiros) e clientes. Em síntese, a gestão da cadeia de suprimentos integra

---

[4] Bergwall, 1994.

suprimento e gestão da demanda, de forma linear e cruzada com outras empresas.[5]

Ao observarmos um sistema de saúde a partir do complexo hospitalar, podemos associar a maioria de suas atividades de natureza logística a uma cadeia típica da maioria das organizações. A figura 2 mostra, em termos gerais, a cadeia de suprimento de um sistema de saúde.

Figura 2
CADEIA DE SUPRIMENTOS DE UM COMPLEXO HOSPITALAR

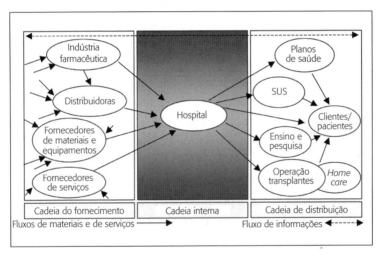

Três segmentos são claramente identificados:

❏ *cadeia do fornecimento*, também denominada *a montante*[6] ou *inbound*, origem dos meios necessários para a prestação dos serviços de saúde e que são obtidos pela seleção de fontes de fornecimento, aquisição e transporte;

---
[5] Disponível em: <www.cscmp.org>. Acesso em: 19 set. 2008.
[6] Trecho entre a nascente de um rio e um ponto qualquer do mesmo; termo empregado para criar analogia entre um rio, seus afluentes e uma cadeia de suprimentos.

- *cadeia ou logística interna*, correspondente ao núcleo central das operações onde ocorrem as transformações desses meios em recursos logísticos por meio de atividades específicas de recebimento, armazenagem e gestão de estoques;
- *cadeia de distribuição*, também conhecida como *a jusante*[7] ou *outbound*, por meio da qual os serviços de saúde são fornecidos aos clientes finais, com ou sem a interveniência de outras entidades.

A cadeia do fornecimento, localizada a montante, é interligada a outras que se cruzam num processo quase ilimitado de relacionamentos e trocas de produtos e serviços. Estabelecer o começo de uma cadeia de suprimentos só é possível se pudermos imaginar uma matéria-prima básica — o minério de ferro, por exemplo. A afirmativa de que a cadeia do aço começa com o minério de ferro pode ser considerada correta; mas, para se chegar ao aço, inúmeras outras cadeias devem ser agregadas, direta ou indiretamente, à principal.

Na cadeia de suprimentos de uma organização de saúde há características específicas que a tornam complexa. A indústria farmacêutica tem a montante cadeias relacionadas às suas necessidades, desde a pesquisa básica até sua transformação em produtos com alto valor agregado, baseado em tecnologia de ponta. Os fornecedores de equipamentos para uso hospitalar estão igualmente conectados a cadeias de ponta, em termos de engenharia e de bioengenharia, incluindo aplicações em robótica e nanotecnologia. A essas características juntam-se outras relativas às especificidades dos suprimentos hospitalares em geral e dos serviços contratados.

A cadeia interna, denominada suprimento por alguns autores (Barbieri e Machline, 2006), ou logística, por outros

---

[7] Trecho entre um ponto qualquer de um rio e a sua foz.

(Cooper, Closs e Bowersox, 2007), trata da determinação das necessidades em todos os tipos de equipamentos e produtos, na busca das melhores fontes de fornecimento (*procurement*), bem como na aquisição, transporte e recebimento dos produtos. Abrange, também, a localização, armazenagem e gestão dos estoques, o descarte de produtos inservíveis e outras atividades relacionadas à cadeia interna de suprimento de produtos e serviços. A complexidade identificada na cadeia a montante existe igualmente na cadeia interna, como é o caso dos prazos de validade de medicamentos, do rastreamento da dispensação, dos serviços específicos de hospedagem, lavanderia e outros. Um caso particular é o das farmácias hospitalares que funcionam como uma cadeia à parte, porém integrada à logística ou ao suprimento interno.

Num hospital, a cadeia a jusante (distribuição) é considerada por Barbieri e Machline (2006:6) diferente das cadeias de distribuição clássicas, nas quais a capilaridade do sistema é crucial para que o cliente receba o produto final. De fato, há diferença, porém não tão radical a ponto de afirmarem que "essa distinção é desnecessária nas organizações hospitalares, pois praticamente só há cliente interno — os solicitantes ou usuários dos materiais". Como demonstrado na figura 2, entre o serviço prestado pela organização hospitalar e o cliente existem atividades de natureza logística que demandam um tratamento integrado para que o custo final do serviço seja minimizado, o que é, em última análise, um dos grandes objetivos da gestão da cadeia de suprimentos em qualquer tipo de organização.

Ponto importante a ser considerado, particularmente em organizações hospitalares, é a logística reversa, caracterizada pela ação do gestor com relação aos produtos descartáveis, que devem ser incinerados no próprio hospital, aos efluentes, ao lixo hospitalar e às embalagens, que podem retornar para a montante da cadeia. Todo esse processo reverso deve ser compatível com as políticas e procedimentos ambientais vigentes.

Neste capítulo foram apresentados os principais fundamentos da logística e da cadeia de suprimento que devem nortear as ações de um gerente de logística numa organização de saúde.

No próximo capítulo serão apresentadas as características mais importantes do suprimento nos sistemas de saúde, incluindo desde considerações sobre questões estratégicas até uma visão macro do funcionamento do sistema hospitalar.

2

Planejamento do suprimento

Neste capítulo apresentaremos noções gerais sobre o planejamento da atividade de suprimento nas organizações em geral e nas organizações hospitalares em particular.

O planejamento do suprimento é o processo de formulação de políticas, estratégias, objetivos, táticas e procedimentos para a área de suprimentos da instituição, visando otimizar a utilização de seus recursos logísticos. Para uma visualização desse conceito, observemos a figura 3. A seguir analisaremos cada nível.

Figura 3
OS NÍVEIS DE PLANEJAMENTO DO SUPRIMENTO

Nível estratégico

Nesse nível ocorrem os processos relacionados aos objetivos a serem alcançados pela organização. Em se tratando de uma OH, devemos estabelecer com precisão o tipo de demanda que devemos atender — o perfil do nosso cliente. Essa definição é válida também para as organizações públicas, onde devem existir diferentes níveis de atendimento, desde os hospitais para operar com grande risco até os postos de saúde periféricos, que poderiam funcionar como triagem do cliente a ser atendido pelo sistema. A definição estratégica poderá estar relacionada, também, à especialidade funcional do hospital. Em ambos os casos, a logística desempenha papel relevante. Imaginemos, por exemplo, que certo hospital pretenda atuar prioritariamente na realização de transplantes de rins. Para que a ação seja bem-sucedida é essencial que o processo logístico contribua com ações específicas — transporte eficaz de órgãos, por exemplo — para que o objetivo estratégico seja alcançado.

Em termos de política, um hospital poderá definir que o atendimento obedecerá rigorosamente às necessidades do paciente, à sua ordem de chegada para atendimento. Esses critérios não devem levar em conta fatores que privilegiem classes, poder político, econômico ou social. Exemplo bastante conhecido de uma política de atendimento sem privilégios é a adotada pelo Instituto Nacional do Câncer — Inca, na cidade do Rio de Janeiro. Para que essa política funcione é necessário, igualmente, que certos procedimentos logísticos sejam observados com rigor, envolvendo aspectos materiais e de informação.

Em síntese, os objetivos definidos no âmbito estratégico devem:

- ajustar as ações a serem executadas pelo sistema de suprimento (SS) às diretrizes estratégicas da instituição;
- definir as diretrizes estratégicas para o suprimento de materiais, incluindo-se aí o relacionamento com clientes e parceiros internos e com o mercado fornecedor, para a avaliação do desempenho do SS;
- determinar os objetivos, metas e políticas operacionais para o processo de suprimento;
- estabelecer as normas e procedimentos básicos para realização das atividades em todas as funções do SS;
- estabelecer as bases para organização funcional do SS, considerando as disponibilidades e necessidades de recursos humanos e materiais, a formalização do processo logístico, a flexibilidade operacional, os controles funcionais suficientes e necessários, e o desempenho operacional requerido.

Outro ponto importante relativo ao âmbito estratégico são as definições de natureza logística relativas ao canal de suprimentos da OH. Isso envolve decisões sobre questões como:

- quantas instalações de armazenagem são necessárias na OH ou no sistema a que ela pertence?
- as instalações devem ser próprias ou de terceiros?
- caso seja adotada uma política de terceirização, esta deve ser total ou parcial?
- qual o nível de concentração de estoques de peças, componentes, medicamentos e outros produtos?
- no caso de uma OH com diversas unidades separadas geograficamente, convém manter um centro de distribuição?
- práticas como *cross-docking* (concentração e despacho de carga) devem ser estimuladas para o atendimento da demanda de OH para determinados itens?

- qual o nível de estoques a ser mantido na OH para o atendimento das demandas internas?
- as farmácias hospitalares devem ter um tratamento diferenciado no atendimento de suas demandas?
- que recursos de TI devem ser empregados para garantir a qualidade da dispensação?
- como atuar em relação à logística reversa nas OHs?

Finalmente, cabe ao nível estratégico definir as linhas mestras a serem observadas na elaboração dos orçamentos de investimento e de operações das OHs. Em tempos de crise, por exemplo, os cortes orçamentários e sua natureza (linear ou especificado) são definidos nesse nível, assim como as políticas de investimento para crescimento.

Definidos os objetivos e as políticas do nível estratégico, passemos ao seu detalhamento no nível estrutural ou tático.

Nível estrutural ou tático

Esse nível considera a análise acurada dos componentes funcionais da estratégia logística adotada pela OH, envolvendo compras, estoques, armazenagem, transporte e distribuição, logística reversa e tecnologia da informação.

Vimos no capítulo 1 a estrutura de uma cadeia de suprimentos voltada para uma OH. Outra forma de visualizar essa estrutura é sob a forma de uma estrutura sistêmica, defendida por alguns especialistas em função da complexidade de uma OH. Esse modo de representação permite visualizar cada uma das principais componentes do mencionado sistema.

Na figura 4, podemos observar um esquema proposto para a mencionada estrutura.

O sistema produtivo (SP) de uma organização hospitalar é a componente onde são desempenhadas as atividades finalísticas

Figura 4
PROPOSTA DE REPRESENTAÇÃO ESQUEMÁTICA SIMPLIFICADA DE UMA ORGANIZAÇÃO HOSPITALAR

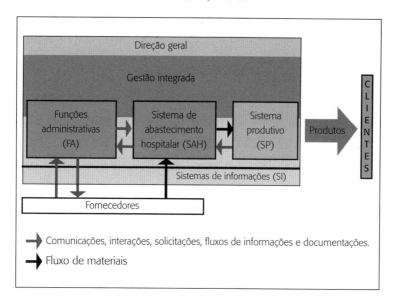

dos serviços de saúde. Os serviços oferecidos aos clientes do SP resultam da interação entre os diversos profissionais da área de saúde e da utilização de tecnologias variadas e de insumos disponibilizados pelo sistema de abastecimento hospitalar.

Alguns dos principais produtos (serviços) do sistema produtivo são:

- consultas;
- exames;
- cirurgias;
- internações etc.

Os produtos oferecidos aos clientes (pacientes) do sistema produtivo são resultados da interação entre os diversos profissionais da área médico-assistencial, da utilização de tecnologias variadas e de insumos disponibilizados pelo sistema de abastecimento.

Convém fazer distinção entre os conceitos de atividade-fim e atividade-meio. A atividade-fim é aquela que está ligada à missão da organização, ou seja, é a atividade principal ou central (*core business*) que justifica a existência da organização. No caso das OHs, as atividades-fim são aquelas diretamente ligadas ao atendimento das necessidades diagnósticas, terapêuticas e de recuperação de pacientes. As atividades-meio são as atividades de apoio que não estão diretamente relacionadas com as atividades finalísticas da OH, mas que possibilitam executá-las com eficiência e eficácia. Uma proposta interessante seria considerar o sistema produtivo como o desencadeador de todas as atividades meio do hospital (conforme o proposto na figura 4).

O sistema de abastecimento hospitalar (SAH) é o que dá suporte às atividades desempenhadas no SP. O SAH é responsável pelas atividades logísticas, aí incluídas, entre outras, a previsão das necessidades, a compra, o recebimento, a guarda e a gestão dos estoques, e a disponibilização de insumos — equipamentos, materiais, serviços, medicamentos e outros itens — para que os profissionais da área de saúde possam prestar serviços aos pacientes.

O sistema de informação (SI) é responsável pelo processamento, armazenagem, fluxo e trocas de dados e informações entre os atores que integram a organização hospitalar. O SI é um dos grandes responsáveis pelo sincronismo e harmonia que devem existir entre o sistema produtivo e o sistema de abastecimento hospitalar. Função igualmente importante dos modernos SIs é a troca de informações em toda a cadeia de suprimentos vinculada à OH, incluindo fornecedores, clientes, laboratórios, profissionais de saúde e outros hospitais.

As funções administrativas (FAs) compreendem, entre outras, as atividades de contabilidade/finanças; jurídicas; de administração de contratos de fornecimento e de manutenção hospitalar com terceiros; de cadastramento e alta de pacientes. A partir dessa visão estrutural, as funções mencionadas detalham políticas, diretrizes e estratégias definidas pela alta direção da OH, no nível estratégico. Assim, cabe a esse nível de planejamento a elaboração orçamentária, seja em termos de investimento, seja em relação às despesas operacionais. O processo de elaboração poderá ser desdobrado para a coleta de dados, com a atuação das FAs, do SAH e do SP. A consolidação desses dados, sua análise e consistência devem ficar por conta da FA que atuará em conjunto com o SAH e o SP até a obtenção do documento final a ser submetido à aprovação do nível superior (estratégico). Organizações públicas deverão adaptar-se às diretrizes próprias de sua natureza, ajustando-as, na medida do possível, ao modelo proposto.

Caberá ainda ao nível estrutural detalhar as possibilidades de execução de uma política de terceirização na área de logística. Em geral, transportes e armazenagem são as atividades mais indicadas para a adoção dessa prática. No entanto, cresce o interesse pelo *outsourcing* amplo das atividades logísticas, envolvendo setores como previsão de demandas, gestão de estoques, logística reversa e outros. À medida que a terceirização aumenta, surge a necessidade de maior controle, maior nível de regulação, razão pela qual muitas organizações passam a utilizar, também, a quarterização. Esta constitui-se na contratação de uma ou mais empresas destinadas a avaliar o desempenho das terceirizadas, atuando como fiscalizadora ou auditora, em nome da OH contratante.

Outras políticas e diretrizes que forem adotadas pelo nível estratégico deverão ser detalhadas e viabilizadas por meio das ações do nível estrutural. Entretanto, esse nível funciona como uma espécie de "agente hermenêutico",[8] ou seja, deve transformar a linguagem dos "deuses" (o nível estratégico) na linguagem compreensível pelo "povo" (nível operacional).

A seguir abordaremos o terceiro e último nível de planejamento, que corresponde ao conjunto das ações operacionais que levam à consecução dos objetivos propostos, com base nas táticas estabelecidas para tanto.

Nível operacional

Este é o nível responsável pela execução das tarefas determinadas pelo nível estrutural, a partir das políticas e diretrizes superiores. Trata da aplicação de procedimentos, protocolos e outras medidas que transformem em resultados as operações logísticas da organização. Por exemplo, a dispensação de medicamentos e seu respectivo controle devem observar em toda a OH um protocolo rígido, de modo que se possa medir resultados.

Mostraremos, a seguir, a utilização de um método qualiquantitativo aplicável ao planejamento logístico de organizações hospitalares.

Ilustração de planejamento de uma ação logística: transplante de órgãos

Como visto no capítulo 1, a atividade de transplante de órgãos é um dos produtos da organização hospitalar de ponta. Envolve uma logística complexa, coordenada em conjunto pela Central de Notificação, Capacitação e Distribuição de Órgãos,

---

[8] O termo hermenêutica, de origem grega, significa tornar compreensível. É considerado por muitos como originário do deus da mitologia grega Hermes, que seria o tradutor da linguagem dos deuses, incompreensível para o povo comum. Existem várias derivações da hermenêutica, como a bíblica e a jurídica.

ou Central de Transplantes (CNCDO), e pela Organização de Procura de Órgãos (OPO). O planejamento geral dos transplantes de órgãos considera, no mínimo, os seguintes integrantes da cadeia logística: doador, receptor, equipe médica e hospital do possível doador, CNCDO, OPO e equipe de transplante. Pesquisa realizada por Ratz (2006) indica que a taxa de insucesso na realização de transplantes é da ordem de 30% em função da recusa de autorização da família do doador. Os 70% restantes se devem a problemas de natureza logística. Em síntese, o referido autor conclui, após consultar amostra significativa no estado de São Paulo, que realizar transplantes com sucesso é coordenar atividades de pessoas, equipamentos, materiais, serviços de transporte e comunicação, bem como outros recursos, de modo que as ações aconteçam no tempo e nos locais programados. Por trás de um transplante bem-sucedido estão múltiplos procedimentos, como se pode observar na cadeia em torno da realização de transplantes mostrada na figura 5.

O hospital de origem, ao constatar a morte cerebral do possível doador (ME), notifica a família e a Central de Transplantes (CNCDO). Esta, por sua vez, notifica a OPO, que envia uma equipe ao hospital de origem e, ao mesmo tempo, solicita autorização da família para o possível transplante. Em caso de recusa, notifica a CNCDO e encerra o processo.

Obtida a autorização, inicia-se o complexo processo de realização do transplante, que exige um planejamento logístico detalhado. Transporte, armazenagem, energia, comunicações, pessoas e outros recursos são considerados sob diversas alternativas de realização. O nível de falha nesse processo deve estar próximo a zero, e a redundância de recursos deverá ser igualmente praticada.

Figura 5
CADEIA DE SUPRIMENTO DE UM TRANSPLANTE DE ÓRGÃOS

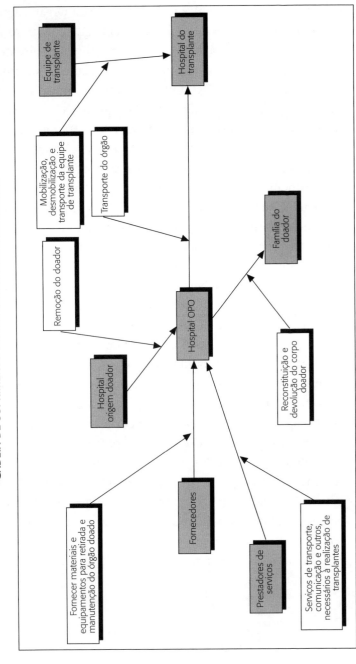

Desvendando o sistema de abastecimento hospitalar

Como já visto, o sistema de abastecimento hospitalar (SAH) tem como função principal abastecer o sistema produtivo. O SAH é o responsável por planejar, comprar, conferir, guardar, controlar e distribuir os insumos necessários à execução das atividades-fim.

Para prestar assistência ao paciente, os conhecimentos teóricos e práticos dos profissionais da área de saúde que integram o sistema produtivo, são essenciais, mas não suficientes. Para realizar suas atividades, esses profissionais dependem de determinados insumos e tecnologias, que precisam preencher os seguintes requisitos:

❏ encontrar-se à disposição nos locais em que serão necessários;
❏ estar disponíveis em quantidade suficiente para sua utilização; e
❏ estar disponíveis nos momentos certos em que forem requisitados.

É importante lembrar que a natureza dos serviços prestados pelos hospitais reafirma a importância do papel desempenhado pelo SAH. Isso porque as tecnologias e insumos nas quantidades certas e no momento e local em que são necessários, podem ser fatores decisivos em situações de emergência, nas quais o que está em jogo é a vida do paciente. Daí a importância do sistema de abastecimento dentro de uma organização hospitalar.

Abrangência

O sistema de abastecimento hospitalar abrange materiais de consumo (estocáveis: insumos médico-cirúrgicos, medicamentos, alimentos etc.) e materiais permanentes (não estocáveis: incorporação de tecnologias e equipamentos, mobiliário, veículos etc.).

Principais clientes

Os clientes do SAH estão divididos em três categorias: clientes finais, clientes intermediários e clientes internos.

- ❏ clientes finais: são todos aqueles que recebem insumos diretamente do sistema de abastecimento (não estocam). Ex.: médicos, enfermeiros, radiologia, imagem etc.;
- ❏ clientes intermediários: são os centros intermediários de distribuição para o sistema produtivo (estoques intermediários que têm seus próprios clientes finais). Ex. centro cirúrgico, CTI, centro obstétrico etc.;
- ❏ clientes internos: são setores e/ou pessoas do próprio sistema de abastecimento a quem se repassa a tarefa de servir aos clientes intermediários e/ou finais. Ex.: almoxarifados, serviço de farmácia, central de OPME.

Tarefas e responsabilidades

Para facilitar a compreensão do sistema de abastecimento hospitalar, bem como a visualização de suas tarefas e responsabilidades, faremos uma divisão do SAH em quatro macrofunções: funções de planejamento, funções de compras, funções de acompanhamento e controle e funções de guarda e distribuição.

Planejamento

Identificação e padronização dos insumos necessários, bem como avaliação e incorporação de tecnologias. As funções de planejamento são, normalmente, desempenhadas por profissionais de diferentes áreas (médicos, contadores, engenheiros clínicos, enfermeiros etc.).

Compras

Aquisição dos insumos que serão necessários, visando ao menor preço, à melhor qualidade e ao prazo de entrega mais curto possível.

Acompanhamento e controle

Aplicação de ferramentas e conceitos relativos ao gerenciamento de estoques (nos almoxarifados e centrais internas de distribuição). Seu objetivo é prover informações precisas sobre que, quanto e quando comprar.

Guarda e distribuição

Conferências quantitativas e qualitativas (no momento do recebimento), além de cuidar da arrumação e organização física dos almoxarifados. Sua função é saber como e para quem distribuir os insumos.

Neste capítulo foram apresentadas as principais características do planejamento logístico numa organização hospitalar, incluindo seus principais sistemas, como o produtivo, o de abastecimento e o de informação. Foram discutidos os principais aspectos da hierarquia de planejamento, isto é, os níveis estratégico, tático e operacional. Finalmente, fez-se uma descrição prática da realização de transplantes, mostrando a cadeia de suprimentos aplicada a essa tarefa.

No próximo capítulo serão abordadas as questões relativas à previsão das necessidades de suprimento para uma OH, incluindo métodos de previsão e projeção de demandas.

3

Previsão das necessidades de uma OH

Neste capítulo veremos as técnicas de previsão de demandas aplicáveis às organizações hospitalares. São técnicas quantitativas, das mais simples às mais complexas. Grande parte do material aqui apresentado, principalmente a parte quantitativa clássica, baseia-se em Silva (1986).

Razões para a previsão das necessidades

A tecnologia da informação possibilitou às organizações o emprego de instrumentos eficazes para controlar um de seus ativos mais valiosos: os estoques. Se considerarmos uma empresa comercial (uma cadeia de lojas de departamentos), os estoques constituem-se no principal gerador das receitas, devendo ser administrado da maneira mais racional possível. Numa outra situação (uma empresa de serviços, como eletricidade, por exemplo), os estoques de peças de manutenção, mesmo sem representarem um grande ativo em termos de valores envolvidos, são cruciais porque a confiabilidade do sistema de distribuição de energia elétrica dependerá da capacidade de resposta às demandas. Situação semelhante ocorre nos hospitais, onde não podem ocorrer falhas no suprimento de medicamentos ou de serviços essenciais, como água e eletricidade. Nas OHs, a manutenção dos equipamentos para exames de pacientes é crucial e depende principalmente dos estoques de peças de reposição.

Na gestão dos estoques, uma das primeiras providências é estabelecer modelos de previsão de demandas adequados às características da logística da organização considerada. As previsões dos materiais a serem adquiridos ou fornecidos fornecem elementos para determinar, com menor grau de incerteza, os dados para o planejamento logístico. Numa OH existem demandas em diversos níveis, a saber: a demanda global do sistema e as demandas setoriais (farmácias, clínicas, enfermagem etc.). Outra demanda importante nessas organizações é a compra de equipamentos para exames, centros cirúrgicos e produção de serviços internos de emergência. Sem nos esquecermos das demandas dos serviços relacionados a transplante de órgãos.

Conceito de demanda

Demanda é a quantidade de material necessária ao atendimento dos clientes, relacionada a uma determinada unidade de tempo. Existem demandas diárias, mensais, trimestrais, anuais e assim por diante.

O conhecimento do tipo de demanda é fundamental porque, para cada uma delas, deve haver diferentes:

- critérios de formação dos estoques;
- responsabilidades pelas informações para a manutenção de estoques;
- métodos de controle de estoques;
- índices e parâmetros de avaliação;
- ações gerenciais na decisão sobre manutenção de estoques.

Com base nas suas leis de formação, as demandas podem ser classificadas em *dependentes* e *independentes*, descritas a seguir.

Demanda dependente

Trata-se da demanda que decorre de fato gerador conhecido. Por exemplo, na montagem de veículos existe uma lista de material perfeitamente conhecida para a conclusão de uma unidade. O mesmo ocorre numa obra bem planejada, como a construção de uma nova ala hospitalar e a montagem dos respectivos equipamentos.

Demanda independente

A demanda independente decorre de fato gerador não conhecido, de natureza aleatória. O consumo de medicamentos pela população em geral e numa OH em particular é de natureza independente. O principal objetivo de qualquer método aplicável à previsão de demandas, principalmente as de natureza independente, é reduzir as incertezas; portanto, não existe um método infalível para prever o futuro da ocupação de uma OH, dos preços de medicamentos, do consumo, dos tempos de ressuprimento (*lead time*) ou de qualquer outra forma de necessidade. Para simplificar, sem nos aprofundarmos nas muitas teorias a esse respeito, consideramos duas formas principais de técnicas de previsão: subjetivas e objetivas.

Técnicas subjetivas

Envolvem intuição, experiência e julgamento, praticados individualmente ou em grupo. Em muitas situações, sofisticadas e dispendiosas técnicas baseadas em dados objetivos podem ser substituídas, não raro com vantagem, por processos que envolvem a experiência acumulada de profissionais de determinada área. Quando há mudanças frequentes de tecnologia, por exemplo, a intuição baseada em experiência pode ser a vantagem competitiva, na medida em que se admita correr riscos.

Exemplo de previsão feita em base subjetiva é a compra de mercadorias no mercado futuro, quando se prevê a ocorrência de certo preço ou certa demanda no futuro e, com base nisso, aceita-se o risco de que tal previsão não se concretize. No ambiente hospitalar, a previsão orçamentária quanto à compra de equipamentos pode ser realizada com o auxílio de médicos, enfermeiros, fisioterapeutas, engenheiros e outros profissionais. A experiência desses profissionais que participam regularmente de congressos e outros encontros profissionais pode auxiliar na escolha de equipamentos mais adequados às necessidades da OH.

Uma das formas de aplicação de técnicas subjetivas de previsão é o método Delphi. Este tem sido empregado como poderosa ferramenta subjetiva para realizar previsões por extração do conhecimento de terceiros. Consiste em reunir um grupo de profissionais especializados no objeto cuja previsão deverá ser feita. A partir daí desenvolve-se um processo de iteração — iteração mesmo, não interação — controlada. Cada participante responde a um questionário estruturado, sem manter comunicação com os demais integrantes do grupo. As informações recebidas são tabuladas e sintetizadas, e depois retornam a cada um dos participantes. Estes são então estimulados a comparar as suas previsões com o que seria a opinião média do grupo e poderão modificar ou não a sua previsão inicial. O processo pode ser repetido uma ou mais vezes até que se obtenha um resultado próximo ao consenso.

Técnicas objetivas

Baseadas em estatística, são amplamente utilizadas na realização de previsões. Estas dependem, basicamente, de dois fatores: os intrínsecos e os extrínsecos. Os primeiros dizem respeito ao comportamento usual dos itens de material em relação às operações regulares da organização. Os fatores extrínsecos são aqueles que modificam o comportamento das demandas em função de ocorrências externas, tais como regulação governamental, guerras, retaliações comerciais, mudanças cambiais, variações climáticas, efeitos de moda etc. Em geral, são de natureza aleatória ou, no máximo, dependentes de cenários que possam ser desenhados com antecedência.

Métodos estatísticos para a previsão de demandas

A escolha do método estatístico mais adequado dependerá da contribuição de cada um desses componentes para o caso considerado. Com base nessa avaliação deverá ser tomada a decisão aplicável à previsão das demandas necessárias para a programação de compras e de consumo de uma OH. Para cada um dos casos poderá ser empregado um método diferente.

Os métodos mais comuns no mundo das organizações, dependendo do tamanho e da complexidade delas, são:

❏ média aritmética;
❏ média móvel;
❏ média ponderada exponencialmente;
❏ regressão;
❏ modelos econométricos.

Aqui serão abordados os três primeiros métodos, que são os mais comumente utilizados e que se ajustam às atividades de previsão das necessidades hospitalares. Regressão e modelos econométricos estão relacionados a estudos mais aprofundados e aplicam-se a grandes séries históricas voltadas para projeções.

Média aritmética

É o processo mais popular, dada sua simplicidade de conceituação e cálculo. Ainda é muito empregado, apesar da distorção que geralmente apresenta.

Trata-se de uma medida de tendência central obtida a partir de uma massa dispersa de dados. O grau de confiabilidade da média aritmética é baixo por não levar em conta a dispersão dos dados considerados. Tal média é obtida a partir de certa quantidade de dados dispersos e tem baixo grau de confiabilidade devido aos diferentes níveis de dispersão. Por exemplo, dois conjuntos de dados (um com os números 2, 5, 9 e 20, e outro com 7, 8, 10 e 11) têm a mesma média (9), mas são totalmente diferentes entre si. O primeiro é menos uniforme, com maior dispersão de dados, enquanto o segundo é menos disperso.

Portanto, a média aritmética somente deverá ser empregada em situações que apresentem baixo grau de variação, de tendência e de sazonalidade.

Eis as fórmulas para determinar a média aritmética para dados simples e grupados.

Para dados simples:

$$\overline{x} = \frac{\sum x}{n}$$

Tomemos como exemplo o consumo semanal de soro fisiológico (500 ml):

Semana	Consumo
1	900
2	880

continua

Semana	Consumo
3	950
4	1.000
5	940
6	1.020
7	960

$$\overline{X} = \frac{900 + 880 + 950 + 1.000 + 940 + 1.200 + 960}{7}$$

$\overline{X} = 950$

Para dados grupados:

$$\overline{X} = \frac{\sum fx}{n}$$

Tome-se, por exemplo, o consumo de papel-toalha, com base na frequência semanal:

n	Consumo semanal (x)	Frequência (f)	Fx
1	200	2	400
2	250	3	750
3	300	5	1.500
4	350	9	3.150
5	400	3	1.200
6	450	3	1.350
7	500	1	500
		26	8.850

$$\overline{X} = \frac{8.850}{26} = 340,4$$

Outra forma de calcular médias, com maior precisão, é a determinação da média móvel.

Média móvel

Trata-se de uma média aritmética, calculada período a período, de uma série de dados, com a substituição, a cada período, do dado mais antigo, substituído pelo mais recente. O número de dados para a determinação da média móvel é constante. O conceito pode ser representado, matematicamente, pela fórmula, a seguir:

$$\overline{X}_m = \frac{X_t + X_{t-1} + X_{t-2} \ldots + X_{t-n+2} + X_{t-n+1}}{n}$$

ou

$$\overline{X}_m = \frac{\sum_{t=1}^{t-n+1} \overline{X}_t}{n}$$

Onde:
$\overline{X}_m$ = média móvel, calculada no período t;
t = período atual, o mais recente;
n = número de períodos considerados para o cálculo da média móvel;
$\overline{X}_{t-n+1}$ = consumo (demanda) mais antigo.

O ponto crítico ao se adotar a média móvel é a escolha do valor de n mais adequado ao tipo de demanda considerada. Quanto maior for n, menor será a reação da nova média móvel, decorrente das operações simultâneas de inclusão e exclusão de dados. O resultado contrário acontecerá para n reduzido.

Uma forma tecnicamente justificável para selecionar um valor adequado de n consiste em tomar uma boa quantidade de valores históricos de consumo e calcular, por meio de uma planilha eletrônica do tipo MS Excel, a média e o desvio-padrão para diferentes valores de n. O que apresentar o menor desvio-padrão corresponderá, possivelmente, ao *n* mais indicado para a demanda considerada. A experiência do analista ainda é o meio mais prático de obter a melhor definição de *n*, a despeito da grande ajuda que uma planilha eletrônica possa fornecer para a simulação de um grande número de possibilidades.

Em termos objetivos e práticos, pode-se recomendar que, quanto mais variável for a demanda ou mesmo desconhecido o seu perfil, deverá utilizar-se um valor de *n* reduzido (3 ou 4). Ao contrário, se a demanda for regular, com poucas variações e/ou com leve tendência, deverá empregar-se *n* elevado (de 8 a 10).

Média móvel ponderada exponencialmente (ajustamento exponencial)

Trata-se de método semelhante ao da média móvel clássica, porém com cálculo mais simples, a despeito de uma conceituação matemática de certa complexidade. A vantagem do ajustamento exponencial é que ele pode ser ampliado, considerando-se, por exemplo, situações de demandas com tendência e mesmo demandas sazonais.

A média ponderada exponencialmente baseia-se no ajustamento, período a período, à última média calculada (x_{t-1}) pela adição ou subtração de uma fração, definida como α, da diferença entre a demanda (consumo) mais recente ou atual (D_t) e a previsão calculada no período imediatamente anterior (x_{t-1}). O resultado dessa operação será a nova média prevista no período atual (x_t), válida como previsão para o próximo período. A equação (1) demonstra esse conceito:

$$\overline{x}_t = \overline{x}_{t-1} + \alpha(D_t - \overline{x}_{t-1}) \qquad (1)$$

A equação (1) poderá ser simplificada com as seguintes operações:

$$\overline{x}_t = \overline{x}_{t-1} + \alpha D_t - \alpha \overline{x}_{t-1} \qquad (2)$$

$$\overline{x}_t = \alpha D_t + (1-\alpha)\overline{x}_{t-1} \qquad (3)$$

A equação (3) pode ser interpretada assim: para se calcular a média no período atual, válida como previsão para o próximo, é necessário conhecer apenas a demanda (consumo) mais recente (D_t) e a previsão feita no período imediatamente anterior (x_{t-1}). Com esses dados, mais o coeficiente α, pode-se calcular qualquer média, para qualquer número de termos, dependendo do valor de α que for escolhido.

Assim, o coeficiente α é que determina o nível de ponderação da média a ser calculada. Se α for igual à unidade, isso significa que 100% de ponderação estarão sendo dados ao dado mais recente, não havendo, portanto, determinação da média, e sim a repetição da demanda mais recente como previsão para o próximo período. Na prática, o valor de α está situado entre 0,10 e 0,40.

A despeito de sua simplicidade, a equação (3) representa toda uma série histórica de dados, com a extensão definida por α. Isso pode ser matematicamente demonstrado da seguinte forma: aplicando-se a equação (3) para o período anterior, tem-se:

$$\overline{x}_{t-1} = \alpha D_{t-1} + (1-\alpha)\overline{x}_{t-2} \qquad (4)$$

Efetuando a substituição de x_{t-1} em (3)

$$\overline{x}_t = \alpha D_t + (1-\alpha)[\alpha D_{t-1} + (1-\alpha)\overline{x}_{t-2}] \qquad (5)$$

$$\overline{x}_t = \alpha D_t + \alpha D_{t-1} - \alpha^2 D_{t-1} + (1-\alpha)^2 \overline{x}_{t-2} \qquad (6)$$

$$\overline{x}_t = \alpha D_t + \alpha(1-\alpha)D_{t-1} + (1-\alpha)^2 \overline{x}_{t-2} \qquad (7)$$

Com base no mesmo raciocínio desenvolvido nas equações (4) a (7), pode-se inferir a equação geral representativa do ajustamento exponencial:

$$\overline{x}_t = \alpha D_t + \alpha(1-\alpha)D_{t-1} + \alpha(1-\alpha)^2 D_{t-2} +$$
$$+ \alpha(1-\alpha)^3 D_{t-3} + ... + \alpha(1-\alpha)^{n-2} D_{t-n+2} + (1-\alpha)^{n-1}\overline{x}_{t-n+1} \quad (8)$$

A equação (8) demonstra que todos os dados de uma série histórica estão incluídos na equação que permite calcular a média móvel ponderada exponencialmente, a despeito da simplicidade da mesma. Assim, a equação (3) tem o mesmo efeito que a equação (8).

Em termos práticos, para se iniciar a previsão de demandas com o emprego do ajuste exponencial é necessário apenas conhecer a demanda mais recente e a previsão que teria sido feita para esse período (pode ser estimada, se não for conhecida), mais o coeficiente de ajustamento α, que é determinado com base no mesmo raciocínio empregado para se determinar o n no cálculo da média móvel clássica. A diferença é que os valores são inversos, isto é, nos casos em que se recomenda o n elevado, o valor de α deverá ser reduzido, e vice-versa. Há uma relação matemática entre o n da média móvel clássica e o α do ajustamento exponencial, mostrada, a seguir.

$$n = \frac{2-\alpha}{\alpha} \text{ ou } \alpha = \frac{2}{n+1}$$

A correspondência entre o n e α pode ser assim exemplificada:

n	α
4	0,40
5	0,33
6	0,29

continua

n	α
7	0,25
8	0,22
9	0,20
10	0,18
15	0,13
20	0,10

O método do ajustamento exponencial poderá ser ampliado para cobrir demandas com tendências e modelos sazonais.

Previsão de demandas: caso ilustrativo

Suponha que você pretenda introduzir a previsão de demanda para um item de farmácia de grande utilidade, porém com demanda muito irregular. Por essa e outras razões, você não tem o histórico do consumo desse item. Como proceder para fazer uma previsão razoável e que possa ser empregada rotineiramente?

Um dos meios para tanto é o ajustamento exponencial com a utilização de um coeficiente de ajuste elevado. Isso porque, como a demanda é irregular, é legítimo admitir que as variações recentes são verdadeiras, com ou sem tendência. Desse modo, as variações serão refletidas nas previsões. Se fosse utilizada a simples média aritmética do consumo em determinado intervalo de tempo, haveria muitos erros de previsão. Se observarmos a tabela de correspondência entre o n e α, poderemos assumir que um coeficiente α entre 0,30 e 0,40 corresponde a uma amostra n entre 4 e 5 dados semanais, por exemplo.

Solução para o caso:

1. estimar uma quantidade que teria sido prevista na semana anterior, para a atual semana; suponhamos 420 unidades;

2. ao final da semana atual, o consumo foi de 400 unidades.

O cálculo da previsão para a próxima semana será:

previsão = 400 x 0,35 + (1 − 0,35) x 420 = 140 + 0,65 x 420 = 413

É muito provável que nessa primeira previsão ocorra um erro elevado, que pode ter como consequência tanto falta de estoque (compensada pelo estoque de segurança) quanto sobra. Com as novas previsões, esse processo, que é matematicamente iterativo, irá se autoajustando até passar a refletir um nível de erro aceitável. O emprego de técnicas de previsão reduz o nível de erro, mas nunca o elimina. É sempre bom ter isso em mente ao empregá-las.

Depois de identificada e dimensionada determinada necessidade (demanda) de uma OH, é necessário verificar a capacidade de atendimento dessa necessidade. Em muitas situações, observa-se dificuldade de a OH atender a certas demandas por falta de organização ou planejamento adequado (veja box). Evidentemente, a adequação da capacidade de atendimento ou da capacidade instalada somente poderá ser efetuada após o dimensionamento das necessidades.

Em determinada OH de médio porte, operando em grande certo urbano, os esforços da direção foram direcionados durante quase dois anos na geração e captação de recursos para a duplicação do centro cirúrgico. Isso porque a demanda de utilização desse setor apontava para a média mensal de 1.400 procedimentos, enquanto, historicamente, nos últimos cinco anos, somente eram realizados entre 800 e 850 procedimentos, dependendo da complexidade e da combinação entre suas diversas naturezas técnicas. A demanda excedente, não atendida, acabava por ser direcionada a outras OH dessa região metropolitana e, em casos excepcionais, a outros centros de referência no país. Porém, depois de realizados projetos para a ampliação física do centro cirúrgico, uma consultoria em logística e planejamento estratégico, que desenvolvia um projeto voltado à otimização

continua

de recursos no processo de dispensação, quando solicitada a contribuir no planejamento da execução das obras de ampliação, questionou a real necessidade desse investimento. Após algumas semanas de análises e de mapeamento de processos internos, apresentou um conjunto de ações internas de forma a aumentar a utilização dos recursos existentes sem a necessidade de duplicação da infraestrutura. Tais ações envolveram, basicamente: a ampliação do horário de funcionamento do centro cirúrgico, envolvendo o estabelecimento de alianças estratégicas com maior quantidade de profissionais liberais; a formação de mais duas equipes de instrumentação e maior racionalidade no planejamento e sequenciamento de cirurgias eletivas. Com essas medidas, foram economizadas cifras na ordem de US$ 2,8 milhões, além de serem evitadas complexas e demoradas obras civis numa OH em funcionamento e, principalmente, os característicos transtornos advindos de tais obras.

Neste capítulo abordamos os métodos de previsão objetivos que se aplicam à gestão dos estoques nas organizações de saúde. A despeito da aparente complexidade conceitual do método das médias ponderadas exponencialmente, sua aplicação é simples e eficaz.

No próximo capítulo serão mostrados os procedimentos específicos com relação aos estoques, incluindo os diversos métodos adotados para sua gestão.

4

Gestão dos estoques

Neste capítulo abordaremos os princípios gerais que norteiam a gestão dos estoques, incluindo conceitos e classificações diversas inerentes a essa função. O método de Pareto (curva ABC) será abordado com detalhes.

Conceituação

A gestão dos estoques compreende o planejamento e a programação das necessidades e o controle dos materiais que são adquiridos e armazenados para utilização futura, a fim de atender às demandas de usuários diversos. Trata-se de uma função que adiciona o valor de tempo aos negócios de uma organização, sendo de importância crucial para uma organização hospitalar, na qual esse valor é essencial.

O atendimento das necessidades de material dos clientes do suprimento é realizado, de modo geral, de duas formas:

❑ obtenção do material (compra, transferências, produção etc.) a cada solicitação;

❑ uso dos estoques existentes.

A situação ideal seria aquela em que não houvesse necessidade de formar estoques, que representam imobilização de capital circulante. Entretanto, o mercado fornecedor, na grande maioria das vezes, não pode atender de forma imediata às necessidades de seus clientes. Assim, a manutenção em estoque dos materiais necessários ao atendimento das demandas é imprescindível para evitar paralisações das atividades operacionais que gerem prejuízos ou comprometam a segurança de pessoas e do meio ambiente. No ambiente das organizações que lidam com a saúde, os estoques são um elemento essencial no atendimento de pacientes. Incluem-se aí estoques de todos os tipos de materiais, desde medicamentos até itens de uso comum e baixo custo, como algodão, por exemplo.

A gestão dos estoques pode ser definida como a função responsável pelo planejamento, previsão, controle da formação, manutenção e desmobilização de estoques, de acordo com os níveis de investimento e de serviço estabelecidos na política de suprimento de uma organização.

O desafio da gestão de estoques é, portanto, conseguir o equilíbrio entre a necessidade de minimizar os dispêndios em estoques e, ao mesmo tempo, garantir a satisfação do cliente, atendendo suas necessidades de forma adequada. A questão financeira será abordada a seguir.

Visão financeira dos estoques

Os estoques constituem uma conta importante do ativo circulante no balanço das empresas e influem diretamente na liquidez, o que determina a manutenção de seus valores em níveis adequados e compatíveis com as disponibilidades financeiras.

A gestão de estoques é a função do sistema logístico de suprimentos diretamente responsável pelo dimensionamento e aplicação dos recursos financeiros a serem utilizados na formação dos estoques.

Nas empresas industriais e comerciais, o custo dos materiais representa, em geral, mais do que 50% do custo total dos produtos, podendo alcançar mais de 80% em algumas empresas comerciais com elevado coeficiente de giro dos estoques. Assim, é fácil perceber a importância de utilizar tais recursos da forma mais racional possível. Nas organizações prestadoras de serviços, entre as quais se incluem as OHs, o custo do material como parte do produto final não é financeiramente tão significativo. Entretanto, a criticidade da grande maioria dos itens é fator que eleva, em geral, a quantidade em estoques e exige grande precisão quanto aos dados sobre esses ativos. O exemplo descrito a seguir mostra o impacto da criticidade de um item em diversos setores. A falta de um equipamento de custo relativamente reduzido pode causar perdas, muitas delas irreparáveis numa organização hospitalar. Vejamos o caso mencionado.

No Hospital Universitário, 25 cirurgias deixaram de ser realizadas ontem porque houve falta de energia elétrica da rede pública. O hospital dispõe de dois geradores de emergência, que não foram acionados por estarem em manutenção. Questionado, o diretor do HU informou que o fornecedor das peças para a manutenção dos geradores não entregou, no prazo, os itens solicitados. Por seu turno, a empresa fornecedora de energia elétrica informou que a falta de energia decorreu da explosão de um transformador que não podia ser reposto imediatamente por falta de estoque próximo ao local do acidente. Somente depois de quatro horas a energia foi restabelecida, com a instalação de novo transformador.

Nesse pequeno exemplo você poderá identificar uma sucessão de falhas na gestão dos estoques, tanto no HU como na empresa prestadora dos serviços de energia elétrica. Por falta de um item de relativo baixo custo, o transformador, houve prejuízos de monta, não somente para o hospital e seus pacientes, mas também para toda a população da região. Por outro lado, a gestão do hospital falhou na gestão dos estoques e na programação da manutenção dos dois geradores, que não poderia ser feita ao mesmo tempo. É fundamental que as organizações hospitalares sejam geridas como um sistema que não pode falhar. O princípio logístico da redundância deve ser considerado com o máximo rigor, como se o hospital fosse um avião em pleno voo.

Anteriormente foi citado o coeficiente de giro dos estoques. Este é um dos principais indicadores que auxiliam os gerentes dos estoques na obtenção dos melhores resultados operacionais do ponto de vista financeiro. Do ponto de vista gerencial é muito mais fácil aumentar o coeficiente de giro do que reduzir os custos de materiais diretos. Estes estão vinculados a uma quantidade predeterminada de materiais e somente podem ser reduzidos após longas e nem sempre bem-sucedidas negociações com os fornecedores.

Em todo caso, cabe advertir que uma política de aumento de giro dos estoques corresponde inevitavelmente a um nível menor de serviço, ou seja, a uma capacidade menor de atender às demandas. Logo, numa OH a redução do giro deve limitar-se aos itens que não sejam cruciais ou que sejam de fácil reposição.

Consignação de estoques

Tem sido observada no Brasil, nas OHs, tendência de utilização de estoques consignados, visivelmente devido ao sucesso dessa prática no ambiente industrial, já há bom tempo, e, mais recentemente, nas cadeias comerciais, em praticamente todos os ramos de negócios, especialmente no que diz respeito a produtos de consumo. A adoção de estoques consignados (em inglês, *pay on consumption*, ou, em nosso idioma, "pagamento no consumo") consiste no fato de entidades usuárias de determinados insumos (como OHs) manterem em sua posse determinada quantidade de insumos ainda pertencentes a seus fornecedores (sejam fabricantes, distribuidores ou, mais raramente, atacadistas), quantidade essa calculada em função de expectativa de consumo ao longo de determinado período (por exemplo, mensal). Depois do período acordado, a OH verifica e informa ao fornecedor a quantidade efetivamente utilizada. Nesse momento, o fornecedor efetivamente vende a quantidade consumida e repõe a quantidade convencionada para a recomposição dos estoques do item em questão, garantindo nova cobertura temporal, e assim sucessivamente. Em termos práticos, a OH, operando dessa maneira, mantém disponibilidade de insumos sem o dispêndio de recursos para a formação de estoque, pois somente os pagará depois de efetivamente utilizados. Se, por um lado, essa prática sobrecarrega os fornecedores com os encargos financeiros sobre os estoques mantidos em poder dos clientes, por outro lado garante, de certa forma, fidelização dos clientes a determinados fornecedores, pelo menos enquanto vigorar determinado acordo ou contrato de consignação. A seguir, descreveremos as características das principais funções dos estoques.

Função dos estoques

Os estoques exercem basicamente três funções:

- ❏ *operacional* — estoque decorrente da impossibilidade de se dispor dos materiais no exato momento em que as demandas ocorrem, ou formado em função dos ganhos de escala que proporciona;
- ❏ *preventiva* — estoque cuja existência visa garantir segurança no atendimento ao cliente, bem como proteção às pessoas, às instalações e ao meio ambiente;

❏ *especulativa* — estoque formado como forma de investimento ou proteção contra aumento de preços.

Nas OHs, a função dos estoques é operacional e preventiva, não sendo aplicável a função especulativa, normalmente existente ou desejável em empresas comerciais. Outro aspecto sensível na gestão dos estoques refere-se ao planejamento dos mesmos, comentado a seguir.

Planejamento dos estoques

As estratégias podem estar vinculadas a um ou mais objetivos e a outras funções do processo de suprimento. O objetivo de redução de estoques pode gerar estratégias ligadas à função "compra", como o estímulo a parcerias ou compras programadas, ou à função "desenvolvimento de fornecedores e de materiais", como a produção de materiais alternativos e a padronização de itens. Pode refletir, ainda, melhorias no próprio processo, como a informatização de controles ou a utilização de técnicas de planejamento de necessidades mais elaboradas.

Uma das ações essenciais no planejamento da função é a formulação de uma política de estoques, ou seja, um conjunto de diretrizes, objetivos e procedimentos direcionados para a formação, manutenção e desmobilização de estoques. Em síntese, a política de estoques define o que, quanto e quando comprar, e também como agir para desmobilizar estoques desnecessários.

Na formulação das ações de planejamento logístico, uma das estratégias da gestão de estoques está concentrada, basicamente, no nível de imobilização de recursos financeiros em estoques, respeitado o nível de serviço logístico determinado para os clientes. É importante a prevalência da visão do processo de suprimento como um todo na definição de qualquer ação.

Algumas diretrizes associadas à razão de ser da atividade de gestão de estoques devem ser observadas no processo de planejamento. Por exemplo:

- manter níveis de estoques compatíveis com a política de suprimento estabelecida para a organização;
- assegurar o suprimento de material com o conhecimento dos riscos de falta julgados adequados às operações;
- controlar os níveis de estoques e promover o ressuprimento de forma eficiente (ao menor custo) e eficaz (atendimento no menor tempo possível);
- analisar sistematicamente o comportamento dos estoques e promover o aproveitamento ou a destinação dos itens considerados inativos, inservíveis ou obsoletos para os interesses da organização;
- gerenciar os estoques utilizando critérios de seletividade (regra 80/20 ou método ABC/Pareto);
- manter um sistema de informação que atenda à gestão de estoques e todas as suas interfaces;
- avaliar de forma objetiva, de preferência por meio de indicadores, a contribuição da gestão de estoques para os objetivos da empresa.

Mostraremos em seguida as diversas formas de classificação dos estoques sob vários aspectos.

Classificação dos estoques

Os estoques podem ser classificados quanto à natureza, ao tipo de demanda e ao valor.

Quanto à natureza

A classificação quanto à natureza visa agrupar os materiais em subconjuntos em função das perspectivas de sua utilização futura. Nessa perspectiva, os estoques podem ser classificados em ativos e inativos.

Estoque ativo

É resultante de um planejamento prévio e destinado a uma utilização conhecida e repetida operacionalmente. Para facilitar seu controle, e em função das necessidades e características operacionais, pode ser subdividido tal como mostra o exemplo a seguir.

No Hospital Central da Metrópole, os estoques ativos são classificados como estoques de medicamentos, de gases industriais e produtos correlatos, de materiais para manutenção de equipamentos, de produtos alimentícios, de materiais de limpeza e assim por diante.

Estoque inativo

É aquele sem perspectiva de utilização, total ou parcial, e que resulta de mudanças nas políticas de estoques; da conclusão e/ou alteração de programas e/ou cronogramas; de devoluções ao estoque ou, ainda, de eventuais falhas de planejamento. Pode ser subdividido em:

- ❑ *dispensável* — materiais sem perspectiva de utilização, total ou parcial, em perfeito estado de conservação, constituindo-se em disponibilidade para uso em outras unidades da organização;
- ❑ *alienável* — materiais inservíveis, obsoletos e sucatas, passíveis de alienação.

Nas organizações hospitalares, podemos incluir uma classificação específica para os medicamentos com prazo de validade vencido e destinados ao descarte controlado.

A classificação quanto à natureza dos estoques permite identificar o tipo de ação gerencial a ser adotada: ressuprir, programar, disponibilizar, transferir, reaproveitar ou alienar materiais.

Permite, ainda, identificar a responsabilidade pelos valores estocados: a inclusão ou manutenção de qualquer item no estoque ativo representa a aprovação da área de suprimentos quanto à existência do mesmo e sua adequação à política de estoques.

As causas da passagem de um item para o estoque inativo devem ser registradas para permitir o seu rastreamento, pois determinam também a responsabilidade pelo estoque desnecessário.

Quanto ao tipo de demanda

São quatro os tipos de demanda:

- *demanda programada (dependente)* — é aquela planejada em função de quantidades e prazos de utilização, estando vinculada a programas específicos de operação ou investimento;
- *demanda probabilística (independente)* — a que não está vinculada a programas específicos, com distribuição de probabilidades conhecidas, previsíveis por meio de modelos estatísticos;
- *demanda incerta (independente)* — é aquela decorrente de fatores de difícil previsão;
- *demanda eventual* — decorrente de necessidades específicas, para aplicação imediata e cuja repetição não é prevista.

O conhecimento do tipo de demanda é fundamental, pois para cada uma delas são diferentes:
- os critérios de formação dos estoques;
- a responsabilidade pelas informações para a manutenção de estoques;

- os métodos de controle de estoques;
- os índices e parâmetros de avaliação;
- a necessidade de interferência gerencial na decisão de manutenção de estoque.

Quanto ao valor

Essa classificação visa agrupar todos os itens de acordo com o valor atualizado ou corrigido de cada item. Formalmente chamada de método, técnica ou curva ABC ou de Pareto, também é conhecida como classificação 80/20, segundo o princípio geral de que 20% dos itens representam 80% do valor imobilizado em estoques, e vice-versa. Convém denominá-la classificação de Pareto, para não fazer confusão com o método ABC de custeio.

A curva ABC pode ser elaborada a partir do:

- valor do estoque real de cada item em determinada data, comum a todos os itens;
- valor do consumo anual de cada item, calculado em data comum a todos os itens.

Tarefa relevante é a elaboração da curva ABC, cujos procedimentos serão descritos a seguir para que você possa empregá-la em suas atividades. Começaremos com a descrição dos componentes da curva ABC ou curva de Pareto.

Curva ABC: componentes

De forma resumida, os itens estocados ou previstos para aquisição são agrupados em três grande grupos:

- itens A, de grande relevância econômica. Representam, em média, 5% dos itens e 80% dos recursos financeiros programados;

- itens B, de importância econômica intermediária. Representam, em média, 15% dos itens em estoque e 15% dos recursos financeiros programados;
- itens C, de pouca importância econômica. Representam em média 80% dos itens e 5% dos recursos financeiros programados.

Essa classificação tem como finalidade priorizar a vigilância dos níveis de estoque dos itens de maior importância financeira para a organização.

Os procedimentos para elaboração da curva de Pareto são:

1. listar todos os materiais com os respectivos custos unitários de aquisição e consumo anual (ou consumo em outro período escolhido, desde que se conheça o consumo de todos os itens nesse período);
2. listar os itens estocados em ordem decrescente de custo anual (ou de consumo no período escolhido);
3. obter o custo anual total a partir do somatório de cada custo anual;
4. listar os percentuais do custo anual de cada um dos item em relação ao custo anual total;
5. calcular e listar o somatório parcial dos percentuais do custo anual em relação ao custo anual total;
6. determinar os materiais de classe A, B e C;
7. elaborar a curva ABC.

Após a elaboração da curva, a próxima tarefa, descrita a seguir, é a definição das classes A, B e C.

Um recurso largamente empregado é definir, na política de estoques adotada pela OH, os limites em relação ao percentual acumulado do valor, sendo mais comum considerar:

- classe A — até 75% do valor acumulado;
- classe B — entre 75% e 95% do valor acumulado;
- classe C — entre 95% e 100% do valor acumulado.

A figura 6 mostra a curva de Pareto/ABC, com as três classes claramente definidas.

Figura 6
Curva de Pareto/ABC

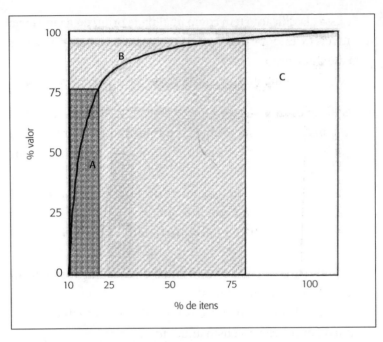

Nota-se, na figura, que 10% dos itens são responsáveis por 75% do valor imobilizado em estoques. A classificação ABC baseada no valor do consumo anual permite identificar a importância de cada item, de acordo com sua classe, em relação aos desembolsos com compras a serem efetuadas anualmente. Permite, portanto, tratar seletivamente os mais representativos.

O planejamento tático de suprimento utiliza a classificação por valor para determinar a programação de compra de cada item em função da classe a que pertence, formando-se estoques operacionais de giro deferenciados para cada classe.

Já a classificação ABC baseada no valor do estoque real identifica a importância de cada item em relação às imobilizações em estoque, permitindo verificar a compatibilidade dos níveis de estoques praticados com o consumo anual, por meio do cruzamento das duas classificações (valor do estoque real *versus* valor do consumo anual), e, consequentemente, ações de correção também de forma seletiva.

Classificação quanto à criticidade do itens

Tal classificação consiste no agrupamento de todos os itens em três níveis, de acordo com a importância operacional de cada item, do ponto de vista, portanto, das implicações dos riscos decorrentes de sua falta. Descreveremos em seguida os diferentes níveis de criticidade:

- ❏ nível 1 — materiais cuja falta acarreta custos não recuperáveis, ameaça à segurança de pessoas, equipamentos e instalações, ou agressões ao meio ambiente;
- ❏ nível 2 — materiais cuja falta pode ocasionar custos adicionais, compensáveis por menores níveis de estoques e seus custos decorrentes. Distinguem-se dos itens do nível 1 pela facilidade de compra ou pela possibilidade de utilização de itens equivalentes;
- ❏ nível 3 — materiais cuja falta não implica custos adicionais significativos.

Determinação da criticidade

A criticidade de cada item deve ser determinada pelo cliente principal, com base nas informações prestadas pela área de suprimento, tais como tempo de ressuprimento do item e política de suprimento vigente.

A classificação pela criticidade indica a importância de cada item para a continuidade operacional da empresa, independentemente de seu valor.

O planejamento tático de suprimento utiliza essa classificação para formular diretrizes diferenciadas de nível de serviço (grau de atendimento arbitrado para a demanda de um item), vinculadas a cada nível de criticidade, formando estoques precaucionais para cada item, de tamanho compatível com sua importância.

Como dito, a determinação da criticidade é feita pelo cliente (utilizador do material), que em geral tende a optar desnecessariamente pelo nível 1.

É importante que a área de suprimento esclareça os clientes a respeito das consequências da classificação inadequada: elevação dos valores imobilizados em estoque e impossibilidade de suprimento para poder agir de forma seletiva, concentrando esforços nos itens realmente prioritários, em todo o ciclo logístico do material, e, em última análise, atendendo melhor o próprio cliente.

Além das classificações básicas aqui descritas, podem-se adotar outras que se ajustem a situações específicas de determinada organização. Por exemplo:

❑ classificações por valor, tomando por base o preço unitário, o volume de vendas ou a lucratividade de cada item;
❑ classificações por peso ou volume dos materiais;
❑ classificação pelo estado do material (novo, recuperado etc.).

Neste capítulo mostramos as principais características da gestão dos estoques que consideramos compatíveis com uma organização da área de saúde. Para que você possa pôr em prática os conceitos e classificações aqui apresentados, veremos a seguir os métodos de controle dos estoques.

5

Métodos para controle dos estoques

Neste capítulo mostraremos a você os principais métodos para controle dos estoques empregados nas organizações em geral e nas OHs em particular.

Fundamentos do controle de estoques

O controle dos estoques envolve, entre outras responsabilidades, o cumprimento das seguintes tarefas: ressuprimento dos estoques; análise e acompanhamento dos níveis de estoques; identificação de excedentes e inservíveis; avaliação de demandas e tempos de compra; disponibilização de materiais para desmobilização. Em síntese, o controle de estoques "tem como meta principal a determinação do 'quanto' se deve adquirir e 'quando' fazê-lo, a fim de proporcionar a continuidade operacional de uma organização".[9]

Os objetivos gerais do controle dos estoques são:

---

[9] Silva, 1986:204.

- registrar, controlar e analisar as movimentações de materiais, visando à determinação das quantidades a serem adquiridas (quanto) e do período adequado para as compras (quando), a fim de permitir a continuidade operacional da instituição, em conformidade com os dados produzidos pela gestão da demanda;
- operacionalizar os métodos de controle de estoques, providenciando os ressuprimentos e avaliando os consumos e tempos de compra, de forma a manter os parâmetros de controle permanentemente atualizados;
- estabelecer controles gerenciais e operacionais sobre os estoques, para gerar as informações necessárias às diversas atividades de suprimento de material e possibilitar tratamento especial aos itens mais representativos para a OH;
- analisar periodicamente os estoques, de forma a identificar quantidades/itens excedentes e com data de vencimento expirada;
- disponibilizar informações sobre os estoques, para análises específicas e tomadas de decisões.

Devem ser considerados, também, os seguintes objetivos específicos:

- evitar desperdícios;
- colaborar para a redução de custos por meio de procedimentos que aumentem a eficiência do controle dos estoques;
- prevenir contra riscos de vencimento de prazos de validade, com ações proativas;
- apresentar estatísticas de acompanhamento de consumo e aquisição com dados objetivos e de fácil interpretação;
- tomar providências para tornar mais eficientes a reposição e a estocagem de materiais.

Uma das providências iniciais do controle de estoques é a adoção de sistemas de codificação de itens. Algumas organizações ainda utilizam sistemas próprios, mesmo com a popularidade crescente e hegemônica do código de barras. Para simples ilustração, mostramos a seguir a estrutura básica de um sistema de codificação de materiais.

Código de material com oito dígitos, formado por três elementos, assim definidos:

Grupos de materiais:

- 01 – Enfermagem
- 02 – Fios cirúrgicos
- 03 – Materiais fotográficos, radiográficos e gráficos
- 04 – Próteses e órteses
- 05 – Instrumentos cirúrgicos
- 06 – Odontológicos
- 07 – Químicos
- 08 – Especialidades farmacêuticas (...)
- 12 – Gêneros alimentícios (...)
- 15 – Rouparia
- 16 – Escritório
- 99 – Diversos

Subgrupos e itens:

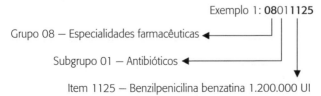

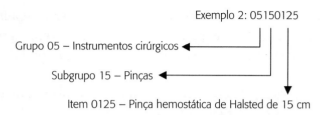

As inovações tecnológicas vêm aumentando a agilidade das atividades de controle e armazenagem de materiais. A difusão da tecnologia de leitores óticos com feixes infravermelhos, associada ao barateamento dos preços de softwares e pacotes de automatização comercial, tornou o código de barras uma forma de codificação essencial à atividade de controle em tempo real dos estoques. Em capítulo específico trataremos do emprego dessa e de outras tecnologias aplicadas à logística.

No controle dos estoques de organizações hospitalares e assemelhados, são dois os principais métodos empregados, conhecidos como métodos estatísticos:

❑ método das quantidades fixas (máximos e mínimos);
❑ método das revisões periódicas.

Nas organizações que trabalham com demandas independentes e relativamente regulares, o método mais empregado é o das quantidades fixas. O método das revisões periódicas é mais adequado para itens de valor elevado e passíveis de descontinuidade de uso, podendo ser adotado também por questões de otimização logística — por exemplo, muitas distribuidoras de medicamentos empregam o método das revisões periódicas para grupar pedidos de redes de farmácia e assim reduzir o número de fornecimentos.

Método das quantidades fixas

Para se compreender o funcionamento desse método é fundamental o conhecimento detalhado de seus parâmetros de controle, a maioria dos quais é também empregada pelo método das revisões periódicas, descrito mais adiante.

Parâmetros de controle

Demanda ou consumo (D)

É a quantidade de material requerida para atender às necessidades de operação de uma organização de qualquer natureza. Também está relacionada às necessidades dos programas de investimento em obras ou programas de natureza específica, como eventos esportivos, artísticos, culturais etc. A demanda está sempre relacionada a determinada unidade de tempo, como dia, semana, mês, trimestre e assim por diante. A previsão das demandas, qualquer que seja o método empregado, é o ponto de partida para o exercício do controle dos estoques.

Tempo de ressuprimento ou lead time (TR)

É outro dos parâmetros fundamentais para o controle dos estoques. Corresponde ao intervalo de tempo decorrido entre a identificação da necessidade de determinado item de material e sua efetiva inclusão nos estoques ou disponibilização para aplicação. Constitui-se de dois elementos principais: o tempo de processamento do pedido de material na organização e o tempo consumido pelo fornecimento propriamente dito — este da responsabilidade do fornecedor. Deve ser expresso em unidade de tempo.

Intervalo de ressuprimento ou ciclo de ressuprimento (IR)

Trata-se de um parâmetro determinado pelo gestor dos estoques e representa o tempo decorrido entre dois suprimentos sucessivos. O nível dos estoques é afetado diretamente pelo tamanho do IR de cada um dos itens em estoque. Assim, é um instrumento de grande importância para o controle dos estoques, principalmente diante da política de juros altos vigente no país, a qual inviabiliza a manutenção de estoques elevados. Para melhor compreendermos a importância desse parâmetro, consideremos uma demanda anual de 1.200 unidades para certo item. Poderá ser atendida por um único ciclo (IR = 12 meses) ou por três ciclos (IR = 4 meses), ou por ciclos menores ainda. É fácil imaginar que a adoção de um ou outro procedimento terá grande influência no nível dos estoques da organização. Normalmente, o IR é maior do que o *lead time*, sem que isso seja mandatório. Quando o tempo de ressuprimento é muito longo, recomenda-se a adoção de um IR menor, o que determina a existência de mais de um processo de aquisição em andamento para o mesmo item de material.

Ponto de ressuprimento ou de reposição (PR)

Trata-se de uma quantidade (saldo em estoque) que, ao ser atingida pelo estoque em declínio, determina a adoção de medidas para o ressuprimento do item.

Quantidade de ressuprimento ou de reposição (Q)

É a quantidade de material a ser adquirida para completar o nível operacional dos estoques. Em condições normais de demanda e de tempo de ressuprimento, corresponde à quantidade consumida durante o IR. Com base nessa premissa, pode-se estabelecer que $Q = D \times IR$ e daí extrair as demais relações entre esses parâmetros de controle de estoques.

Em geral os estoques e seus parâmetros são representados por um modelo esquemático em forma de dentes de serra, nomenclatura que lhe é atribuída universalmente.

Figura 7
**REPRESENTAÇÃO DA MOVIMENTAÇÃO DOS ESTOQUES
(DENTES DE SERRA)**

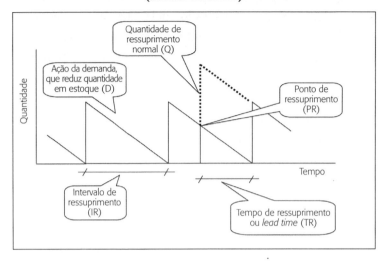

A figura 7 mostra a ação de cada um dos cinco parâmetros conceituados. A demanda (D) age sobre o estoque, diminuindo-o até que seja atingida determinada quantidade denominada ponto de ressuprimento (PR). Então, em condições normais de previsão, é solicitada a reposição da quantidade de ressuprimento (Q) que recomporá o nível do estoque depois de decorrido o tempo de ressuprimento ou *lead time* (TR). A quantidade de ressuprimento é normalmente consumida durante o intervalo de ressuprimento (IR).

Em condições ideais, o modelo funciona como mostrado na figura 7. Na realidade, ocorrem alterações tanto na taxa de demanda como no tempo de ressuprimento. Assim, é necessário dispor de recursos para reduzir os impactos de tais alterações. Esses recursos correspondem ao estoque de segurança, o próximo parâmetro a ser conceituado.

Estoque de segurança (ES)

Quantidade predeterminada de material destinada a evitar ou minimizar os efeitos causados pela variação da demanda e/ou do tempo de ressuprimento. É certamente o parâmetro mais crítico de um sistema de controle de estoques porque é mantido como um "estoque morto", existente apenas quando as previsões falham ou quando ocorrem fatos excepcionais. É o fator que mais contribui para que o nível dos estoques de uma organização se torne elevado, prejudicando assim sua rentabilidade. Atualmente, com o avanço da tecnologia de informação e com a gestão colaborativa na cadeia de suprimentos, pode-se minimizar ou mesmo eliminar a manutenção de estoques de segurança.

Nível de operação (NO)

É a quantidade, variável pela ação da demanda, que se constitui, em seu nível mais elevado, na quantidade de ressuprimento mais o estoque de segurança. Na prática, o NO é uma quantidade fisicamente disponível, em determinado instante, para atender às demandas ocorrentes. Em teoria, de acordo com o conceito, $NO = Q + ES$.

Nível de máximo de estoque (NM)

Como o próprio nome indica, é a quantidade máxima admissível em estoque, tanto em termos físicos quanto potenciais. Assim, a quantidade solicitada no ponto de ressuprimento, porém ainda não recebida, faz parte do estoque máximo. Por essas características, o NM funciona também como um indicador da "saúde" dos estoques. Quando um número excessivo de itens estiver com estoque acima do NM, alguma coisa não está funcionando bem na gestão dos estoques. Na teoria e em condições normais, o NM alcança seu valor máximo no ponto de ressuprimento e pode ser expresso por NM = PR + ES.

Estoque médio (EM)

É uma quantidade teórica que serve como indicador para representar em determinado período, geralmente anual, o nível de estoques que estaria sendo mantido de forma estável. Assim, o estoque médio anual, após o decurso de alguns ciclos de ressuprimento, pode ser estabelecido como a metade de Q (pois, teoricamente, alterna entre seu valor máximo e zero), acrescida do ES. Logo, EM = Q/2 + ES.

Ruptura de estoque ou ponto de quebra (PQ)

É a situação em que o estoque físico de um item de material chega a zero, depois de consumido o estoque de segurança. A partir do ponto de ruptura ou de quebra, a ação continuada da demanda irá provocar custos de falta, produzindo lucros cessantes de diversas naturezas: no comércio, vendas perdidas; na indústria, produção parada; em serviços ou em obras, paradas e/ou descontinuidade. Nas OHs, em particular, a falta completa de determinados itens pode causar danos irreparáveis à saúde das pessoas, como no caso de produtos para o procedimento de diálise.

A figura 8 é uma versão ampliada da figura 7, mostrando todos os parâmetros para controle de estoques conceituados até agora.

Figura 8
PARÂMETROS PARA CONTROLE DE ESTOQUES

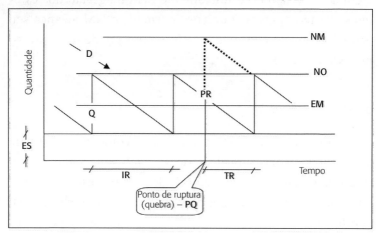

Relações matemáticas aplicadas no controle de estoques

Com base nos conceitos e no registro gráfico dos parâmetros de controle de estoques, é possível estabelecer as relações (fórmulas) que permitirão determinar a política de estoques para o método de quantidades fixas.

Demanda, quantidade de ressuprimento e intervalo de ressuprimento

$$D = Q/IR \qquad Q = D.IR \qquad IR = Q/D$$

Ponto de ressuprimento

A partir da figura 8, podemos afirmar que:

$$Q/IR = (PR - ES)/TR$$

porém, como Q/IR = D,

$$PR = D.TR + ES$$

quando ES for expresso em quantidades, ou

$$PR = D(TR + ES)$$

quando ES for expresso na mesma unidade de tempo de TR.

Nível máximo (NM)

Com base na figura 8, podemos escrever:

$$NM = PR + Q$$

Podemos substituir os valores de PR e Q por suas respectivas equações:

$$NM = D.TR + D.IR + ES$$

ou

$$NM = D(TR + IR) + ES$$

aplicável para TR e IR expressos na mesma unidade de tempo e ES em quantidades.

O estoque de segurança (ES) também pode ser expresso como unidade de tempo. Nesse caso, a fórmula adotada poderia ser:

$$NM = D(TR + IR + ES)$$

Estoque médio

Como conceituado anteriormente, o estoque médio, ao longo do tempo, pode ser representado pela fórmula:

$$EM = Q/2 + ES \text{ ou } EM = D.IR/2 + ES$$

Nível de operação

Por definição,

$$NO = Q + ES$$

ou

$$NO = D.IR + ES$$

Podemos estabelecer outras relações entre essas variáveis de controle de estoques. Vimos que a quantidade de ressuprimento pode ser assim determinada: Q = D.IR

Pela análise da figura 8, podemos determinar o valor de Q em função de NM e PR. Logo,

$$Q = NM - PR$$

A partir dessa forma de cálculo de Q chega-se ao chamado método de "máximos e mínimos", convencionando-se que PR é o ponto mínimo aceitável para o estoque antes que seja solicitado um ressuprimento. Com base nesse método pode ser empregada a regra prática para determinar a quantidade de ressuprimento a qualquer momento, conhecendo-se o nível máximo, já determinado para o sistema, e o nível mínimo, que, no caso, seria a quantidade física (EF) existente no estoque no momento dessa decisão. Assim, a qualquer momento a quantidade de ressuprimento poderá ser determinada, bastando aplicar a fórmula Q = NM – EF.

Porém, outros fatores, como o custo de estocagem, de armazenagem, de transporte e de aquisição, devem ser considerados para se determinar a quantidade ideal de ressuprimento em condições normais de operação. Um dos métodos para tanto é o "lote econômico", nome particular para Q quando este é calculado de tal forma que o custo total, envolvendo as variáveis de custo já mencionadas, é minimizado.

Outro parâmetro sensível com relação aos custos é o estoque de segurança, que deverá ser determinado com base nos riscos de falta que a organização determinante aceitar correr a fim de reduzir os custos relacionados a estoque e armazenagem.

Mostraremos a seguir as características e os procedimentos relacionados ao outro método de controle de estoques adotado pelas organizações que lidam com produtos da área de saúde.

Método das revisões periódicas

É aplicável quando se deseja utilizar um procedimento menos automatizado para recompor os níveis de estoques. Algumas situações recomendam a adoção desse método. Por exemplo, quando:

❑ o item é adquirido em grandes lotes, exigindo uma programação de produção do fornecedor para que os prazos sejam atendidos. Com a adoção da gestão colaborativa na cadeia de suprimentos, o uso do método das revisões periódicas poderá ser sofisticado a ponto de ser incluído no planejamento estratégico das empresas envolvidas;

❑ um único fornecedor é capaz de atender a diversos itens solicitados, que são aglutinados num só pedido, com redução de custos logísticos. Também devem ser consideradas as possibilidades de redução de preço dos itens adquiridos;

❑ a demanda é irregular, com longos períodos de consumo reduzido. Nesse caso, o uso do método das quantidades fixas acabaria por contribuir para o inchaço dos estoques;

❑ a frequência de movimentação (entradas/saídas) é elevada, aumentando os custos logísticos, principalmente os de aquisição e de transporte;

❏ o sistema de inventários físicos periódicos é adotado e há convicção por parte da gestão dos estoques de que poderão ser feitas economias se, juntamente com a realização dos inventários, for examinada a conveniência de recompor os níveis de alguns itens inventariados.

No método das revisões periódicas, cada item ou conjunto de itens somente tem seu nível de estoques recomposto em datas previamente estabelecidas. Durante a revisão, cada item programado é cuidadosamente analisado em termos dos principais aspectos de planejamento e controle, tais como: estoque físico existente; situação da demanda do mesmo; tempo de ressuprimento (*lead time*); estoque de segurança; situação do mercado (fornecedor ou comprador). Diante desses e de outros elementos que julgar importantes, inclusive por decisão estratégica da empresa, o analista decidirá se adquire ou não determinado material e que quantidade do mesmo irá solicitar.

Um dos problemas críticos a serem resolvidos com a adoção desse método é a definição do intervalo entre as revisões (RV). São muitos os *trade-offs* a serem considerados, com base nas seguintes premissas:

❏ uma baixa frequência entre as revisões eleva o nível dos estoques, acarretando maior custo logístico, principalmente da componente financeira, se o custo de oportunidade da empresa for elevado ou a taxa de juros de financiamento dos negócios for igualmente alta;

❏ uma frequência elevada entre as revisões provoca efeito contrário, sem, no entanto, significar redução de custos logísticos. Isso porque os custos de aquisição e de transporte tornam-se elevados pelo maior giro dos estoques para atender a uma mesma taxa de demanda. Além disso, e esse é um fator considerável, os riscos de ruptura (quebra) aumentam, o que pode ser altamente prejudicial, principalmente em empresas prestadoras de serviços públicos, como eletricidade, gás, comunicações, saúde e outras. Sem falar nos lucros cessantes das empresas industriais e comerciais e em possíveis multas por atrasos de obras;

❏ a localização de organizações ou empreendimentos distante do mercado fornecedor depende da infraestrutura de transportes para dar confiabilidade tanto a clientes como a usuários demandantes de seus produtos ou serviços. Os riscos de falhas ou interrupções derivadas de fatores potencialmente fortes, como instabilidade climática, política ou social, são elementos importantes a serem considerados.

Assim, é importante que as decisões quanto aos RV praticados levem em conta não apenas as premissas elencadas, mas também outros elementos que considerem os interesses financeiros e operacionais da organização.

Os procedimentos de controle utilizados pelo método das revisões periódicas são semelhantes, em muitos aspectos, àqueles empregados pelo método das quantidades fixas. A grande diferença entre esses dois métodos é que o primeiro trabalha com datas fixas e quantidades variáveis, enquanto o segundo opera com datas variáveis e quantidades teoricamente constantes.

Quanto aos parâmetros de controle, a diferença é mínima, estando restrita ao intervalo entre revisões (RV) que corresponderia, ao longo do tempo, ao intervalo de ressuprimento (IR), já que este será, em teoria, variável, e sua média poderá ser vista como IR.

A figura 9 apresenta o esquema gráfico de operação do método das revisões periódicas.

Figura 9
MÉTODO DAS REVISÕES PERIÓDICAS

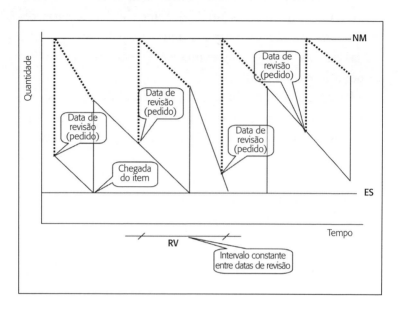

Os intervalos entre as revisões (RV) são constantes. A cada uma delas, o analista calcula uma quantidade de ressuprimento (Q) destinada a atender a demanda durante o próximo intervalo de ressuprimento (IR). A previsão da quantidade a ser pedida deverá ser calculada para um período de cobertura que corresponda ao RV, acrescida da equivalente ao consumo durante o TR. Essa cobertura para o *lead time* justifica-se para prevenir um aumento significativo da demanda durante o tempo de ressuprimento, depois de feito o pedido de ressuprimento. Como essa alteração só poderá ser corrigida na próxima revisão, haveria maior risco de quebra de estoque. Para a aplicação prática quanto à determinação das quantidades a serem ressupridas, descreveremos em seguida o procedimento correspondente.

Cálculo do nível máximo ou referência para determinar a quantidade de ressuprimento

A partir de análise da figura 9, e por analogia com o mesmo raciocínio adotado para o método das quantidades fixas, pode-se estabelecer que:

$$NM = D.RV + D.TR + ES$$
$$NM = D(RV + TR) + ES$$

para o ES expresso em quantidades, e

$$NM = D(RV + TR + ES)$$

para o ES expresso na mesma unidade de tempo de RV e TR.

Determinação da quantidade a ser adquirida

O processo é o mesmo adotado para o método das quantidades fixas, ou seja:

$$Q = NM - EF \text{ (estoque físico total)}$$

Para que o método das revisões periódicas produza os melhores resultados, devem-se observar algumas restrições adicionais:

- ❏ requer maior custo operacional para a execução das revisões em função da maior especialização das pessoas envolvidas;
- ❏ exige cuidado na programação global das revisões, a fim de evitar piques no setor aquisitivo durante o período de colocação das ordens de compras;
- ❏ provoca, em geral, custos logísticos elevados, devendo seu emprego manual ficar limitado aos itens de grande partici-

pação nos estoques e que exigem cuidados especiais quanto ao desembolso de capital circulante;

❏ para os itens de menor valor, o método poderá ser também adotado, porém de forma automática, utilizando-se os recursos de informática.

Nas OHs onde haja a prática da consignação de estoques, descrita no capítulo anterior, seja em itens de consumo, medicamentos, órteses, próteses ou artigos de manutenção (elétrica, mecânica, hidráulica etc.), higiene e limpeza, enxovais, mantimentos e outros, poderão ser aplicados os métodos para controle de estoques explorados neste capítulo, independentemente de a propriedade de cada item estocado ser da OH em análise ou de seus fornecedores. Observa-se claramente, na atualidade, a tendência de maior proximidade e "intimidade" entre as OH e seus fornecedores na medida em que há maior racionalidade no dimensionamento de estoques na cadeia, independentemente de qual parte seja a responsabilidade financeira pelo financiamento de tais inventários. Essa é uma demonstração clara da importância em solidificar o relacionamento ao longo das cadeias de suprimentos, tornando-as cada vez mais competitivas e com maior agilidade, aliando, simultaneamente, robustez e flexibilidade.

Neste capítulo foram descritos os procedimentos que permitem a implantação de controle dos estoques por meio de dois métodos tradicionais: o das quantidades fixas e o das revisões periódicas.

No próximo capítulo abordaremos a função compras, mostrando as principais atividades a serem desempenhadas numa organização hospitalar.

6

Compras

Neste capítulo serão abordadas as teorias e práticas relacionadas ao processo de obtenção de insumos tangíveis e intangíveis. Por tangíveis entendem-se os insumos facilmente dimensionáveis, fisicamente identificáveis, tais como matérias-primas, embalagens e excipientes. Intangíveis são insumos predominantemente da categoria de serviços, como transportes, consultorias ou serviços vinculados à saúde. O conteúdo deste capítulo ajudará o leitor a compreender as características da função gerencial e os cuidados a serem tomados na sua execução. Para as organizações públicas são apresentados os detalhes sobre licitações.

A função compras

Corresponde a um conjunto de atividades relacionadas à procura e à obtenção de materiais e serviços necessários às operações de uma organização. As organizações hospitalares são altamente dependentes da gestão dos estoques, já que esta responde pela determinação das necessidades de reposição dos itens. Por outro lado, como o nível de imobilização de capital circulante em estoques depende do tempo de demora das aquisições, a função compras pode contribuir diretamente para a redução dos custos de materiais numa OH.

Os principais objetivos das compras são:

- manter um fluxo contínuo de fornecimento que atenda às demandas operacionais de uma organização;
- comprar de forma competitiva e rentável, ou seja, aos menores custos do mercado e dentro das especificações exigidas para o uso previsto. Essa é uma questão bastante sensível numa OH;
- estabelecer fontes alternativas de suprimento, de modo a garantir a competitividade do mercado supridor;
- desenvolver relações colaborativas com os fornecedores, dentro dos princípios adotados pela gestão da cadeia de suprimento;
- pesquisar o mercado e manter os órgãos internos informados sobre o ambiente externo, tanto em relação aos novos produtos ofertados quanto às previsões relacionadas à evolução do mercado, principalmente em épocas de crise.

Fundamentos de compras

A moderna tecnologia da informação vem provocando grandes transformações na gestão dos recursos logísticos em todas as organizações, como observam Menezes, Silva e Linhares (2007). Além disso, essa função perdeu o foco meramente operacional e assumiu um papel estratégico, particularmente quanto à gestão total do fornecimento, segundo as necessidades organizacionais.[10] Isso realmente está ocorrendo graças às parcerias que vêm sendo gradativamente implementadas com base

---

[10] Leenders e Fearon, 1997.

na colaboração interempresarial, um dos motores da gestão da cadeia de suprimento. Vejamos a seguir como se processa, na prática, a atividade de compras.

A principal diferença entre a compra feita pelas pessoas físicas e a efetuada pelas organizações é que estas últimas são norteadas por critérios formais e, naturalmente, mais complexos, a começar pelo levantamento das fontes de fornecimento, passando pela seleção do fornecedor e a formalização da contratação, e terminando com a gestão do fornecimento. Nas atividades relacionadas à saúde, seja num hospital ou numa clínica, seja numa indústria de fármacos, os cuidados técnicos costumam ser redobrados: além do cumprimento de especificações, deve-se dar especial atenção a aspectos que vão desde os requisitos relacionados à higiene até o atendimento de normas regidas por organismos como a Anvisa,[11] por exemplo.

A determinação da quantidade geralmente é feita por profissional responsável pelo planejamento de materiais. Ou seja, a área de compras normalmente recebe as necessidades de insumo devidamente quantificadas por algum requisitante, com indicação do prazo desejado para a entrega. Cabe à área de compras realizar a aquisição, coordenando atividades pertinentes à definição do fornecedor e à determinação dos aspectos comerciais.

Na verdade, as compras são uma atividade praticada intensa e frequentemente por toda a organização, envolvendo também toda a cadeia de suprimentos. Consideremos, por exemplo, o caso das "bombinhas" de CFC. Por determinação da Anvisa (2008), a partir de 1º de janeiro de 2011, não poderão

---

[11] Agência Nacional de Vigilância Sanitária, organismo vinculado ao Ministério da Saúde e ao governo federal, com a missão de "proteger e promover a saúde da população, garantindo a segurança sanitária de produtos e serviços e participando da construção de seu acesso" (Anvisa, 2002).

ser produzidos ou importados medicamentos que contenham gás clorofluorcarbono (CFC), como as bombinhas para asma. Assim, os fabricantes desses medicamentos deverão incluir em suas respectivas bulas e embalagens um aviso referente ao fato de que tais produtos, por conterem substâncias agressivas à camada de ozônio, deixarão de ser comercializados, devendo ser substituídos por outros.

A medida, válida para os produtos que utilizam gases propelentes do tipo CFC, abrange diversas substâncias químicas, isoladas ou em mistura, tais como triclorofluormetano (CFC 11), diclorodifluormetano (CFC 12), diclorotetrafluoretano (CFC 14) e outros clorofuorcarbonos com potencial de destruição da camada de ozônio. Segundo técnicos da Anvisa (2008c), já existem alternativas ao CFC, como, por exemplo, o gás hidrofluoralcano (HFA), que "apresenta eficácia semelhante ao CFC e é vantajoso quanto ao custo". As empresas fabricantes deverão entrar com o pedido de adequação dos produtos na Anvisa até 31 de julho de 2010. A documentação terá prioridade de análise na agência.

Consideremos a quantidade de ações necessárias para um determinado fabricante adequar-se a essa medida: inicialmente, as providências imediatas relacionadas à inserção de novo texto nas bulas e embalagens dos produtos atualmente comercializados. Posteriormente, a adequação técnica, possivelmente envolvendo novo desenho do produto e/ou do processo produtivo, nova embalagem, ou mesmo a concepção de um novo produto. Consequentemente, os processos produtivos poderão ser alterados, bem como as ações referentes a marketing, especialmente junto aos médicos, envolvendo assim toda a cadeia de distribuição do produto. Essa medida, aparentemente simples, tem grande potencial para desencadear ações em diversas áreas do fabricante, incluindo boa parte da cadeia de suprimentos.

Num fabricante de fármacos, na função ou área de marketing, dando continuidade ao trabalho de pesquisa e desenvolvimento, surgem os projetos de novos produtos, envolvendo detalhes como forma de apresentação, embalagens ou mesmo o emprego de algumas matérias-primas, como excipientes, por exemplo.

Quando um gerente de produto determina diretrizes para o projeto de uma embalagem de medicamento, ele está indiretamente determinando detalhes da futura embalagem do produto a ser comprado. Da mesma forma, os profissionais de pesquisa e desenvolvimento ou de engenharia de processos, ao interferirem na determinação de detalhes dos ingredientes a serem utilizados, estão indiretamente interferindo nas atividades da área de compras.

Finalmente, cabe a essa área formalizar as aquisições, documentando todos os aspectos acordados com os fornecedores, de maneira formal ou informal, dependendo das diretrizes e procedimentos das respectivas organizações.

Os critérios utilizados para a formalização das compras devem sempre considerar o sincronismo com as políticas de estoques em vigor e, adicionalmente, o comportamento do mercado fornecedor, a engenharia financeira e o próprio estilo de cada organização. Numa organização que adota a filosofia *just in time*, as aquisições são feitas em pequenos lotes e com mais frequência do que naquelas que privilegiam a formação de elevados estoques de matérias-primas.

Devem ainda ser considerados os aspectos relativos à disponibilidade de caixa, no caso de se planejar uma aquisição de valor relevante, evitando-se assumir compromissos com pagamentos à vista quando não houver caixa suficiente para saldá-los.

Outro aspecto relevante é o comportamento do mercado, onde as flutuações de oferta, relacionadas diretamente com as demandas, podem interferir em preços sujeitos a altas e baixas decorrentes das variações entre oferta e demanda. No caso de produtos de consumo sazonal, por exemplo, as organizações beneficiam-se de preços mais favoráveis nos períodos de safra do que nos de entressafra.

Há de ser considerado, ainda, o estilo de gestão adotado em cada organização. Nas mais conservadoras, práticas mais ousadas, como manutenção de estoques consignados ou critérios de reposição automática, geralmente não são praticadas por respeito a hábitos tradicionais, mesmo desprezando-se oportunidades de redução de preço em valores integrais pagos aos fornecedores.

Para melhorar o desempenho das atividades de compra, os profissionais da área procuram fazer valer o poder de barganha — por exemplo, tentando negociar volumes maiores para tornar a organização-cliente mais atrativa para o mercado fornecedor e, assim, obter preços mais vantajosos.

Assim como as pessoas, as organizações também podem realizar compras de oportunidade, nas quais o fator econômico ocupa posição de destaque na decisão de se fechar determinada aquisição, mesmo sem necessidade premente de determinado insumo tangível, por mero oportunismo, desde que haja evidências confiáveis de demandas futuras, inexistência de risco de obsolescência e vantagem comercial superior aos dispêndios gerados pela formação de estoques tecnicamente desnecessários. Por outro lado, diferentemente das pessoas, as organizações dificilmente realizam compras por impulso, devido ao maior grau de tecnicidade requerido pelo processo de aquisição.

Os objetivos da função de compras relacionam-se basicamente à obtenção de insumos (produtos, tecnologias e serviços) em quantidade suficiente e nos padrões técnicos e de qualidade previamente estipulados, ao menor preço e melhor serviço possíveis, em prazos de entrega compatíveis. Além disso, é essencial manter um bom relacionamento tanto com os fornecedores ativos quanto com os potenciais. Estes últimos seriam fontes de fornecimento com características compatíveis com as necessidades das organizações-clientes e que por algum motivo não estejam fornecendo na atualidade, embora tenham potencial para atendimento futuro.

Basicamente, as funções operacionais das atividades de compras envolvem a determinação das especificações de compra, com ênfase na quantidade, qualidade e aspectos adequados da entrega; a seleção de fornecedores, culminado com a escolha do(s) fornecedor(es) para cada processo de aquisição; a negociação dos termos e condições de compra, aí incluídos os aspectos comerciais; e a formalização da compra, ou seja, a emissão e gestão dos pedidos de compra, visando garantir o cumprimento das condições previamente estabelecidas.

Independentemente do ramo de atividade, o chamado ciclo de compra envolve sete etapas bem definidas, algumas delas comentadas no início deste capítulo.

Recebimento e análise das requisições de compra

Etapa inicial do processo, na qual o setor responsável por compras recebe solicitações de clientes internos de determinados insumos. Complementando eventual processamento automatizado das solicitações, a análise visa cotejar as aquisições com outras solicitações eventualmente existentes, para racionalizar o custo do processo de aquisição. Existe a situação de um comprador trabalhando para um grande hospital ou um grupo econômico formado por mais de um estabelecimento. Nesse caso, há a possibilidade de consolidar requisições internas de diversos solicitantes, representando várias áreas da organização, referentes aos mesmos produtos: por exemplo, seringas utilizadas nos ambulatórios ou setores de pronto atendimento de um hospital e também em centros cirúrgicos e postos de enfermagem, no atendimento a toda a área da denominada hospedagem hospitalar. A fusão de diversas requisições numa compra única potencializará ganhos com economia de escala, favorecendo todos os requisitantes e seus respectivos centros de custo.

Seleção de fornecedores

Consiste na busca e escolha das fontes de fornecimento para cada processo em andamento, a partir da análise de alternativas já conhecidas de fornecedores potenciais. Inclui a solicitação de cotações de todas as condições de compra (aspectos comerciais, disponibilidades quantitativas, prazos etc.), o recebimento e a análise das cotações, respeitando maior ou menor grau de formalização conforme as diretrizes da organização, e, finalmente, a definição do fornecedor mais adequado para cada processo em andamento. No setor da saúde, como em qualquer outra atividade econômica, essa etapa do ciclo de compras é amplamente praticada em organizações públicas ou particulares e envolve praticamente todos os insumos tangíveis e intangíveis adquiridos.

Negociação das condições finais do fornecimento

Constitui a etapa seguinte, já que as condições comerciais cotadas não significam necessariamente a aceitação das ofertas de determinado fornecedor. Essa negociação somente não é recomendada nos casos de processos licitatórios em que haja dispositivos condicionando a escolha do fornecedor aos menores preços.

Emissão da documentação

Visa à formalização da compra, tarefa que compete exclusivamente à área de compras, e consiste em documentar todas as circunstâncias envolvendo o fechamento de cada compra.

Seguimento de compra, ou follow-up, ou gestão do fornecimento

Consiste no acompanhamento de todo o processo após a determinação do fornecedor, visando garantir o cumprimento de todas as condições acordadas. Na realidade, trata-se de um retrabalho: se todos os ajustes entre as partes fossem rigorosamente cumpridos, essa atividade seria banida do "ciclo de compras", considerando-se que cada elo integrante da cadeia de suprimentos teria cumprido os compromissos — especialmente os prazos — acordados.

Recebimento e aceitação de mercadorias

Geralmente não são efetuados por profissionais da área de compras, por questões relacionadas à segregação de funções. Porém, é necessário constatar fisicamente e documentar a recepção de mercadorias, a partir da conferência das especificações técnicas e comerciais constantes no pedido de compras. Em geral, essa atividade compete aos responsáveis pela recepção de materiais ou mesmo pelos almoxarifados ou depósitos formais, no caso de organizações de menor porte.

Liberação do processo de contas a pagar

Essa etapa encerra o ciclo executivo de compras. Uma vez comprovado que as mercadorias recebidas cumprem todos os dispositivos contratuais estabelecidos no pedido de compra, o pagamento ao fornecedor poderá ser efetuado.

Compras e o processo de desenvolvimento de fornecedores

Diretamente relacionado ao processo de aquisição de insumos, o processo de desenvolvimento de fornecedores consiste não só na identificação de fornecedores adequados, mas também na sua adequação aos requisitos atuais e principalmente futuros da empresa-cliente. Há duas maneiras de considerar esse processo: a visão tradicional e a visão da competitividade. Vejamos.

Abordagem tradicional

Apesar do termo "tradicional", essa abordagem do processo de desenvolvimento de fornecedores é bastante atual e muito importante para o dia a dia das organizações. Consiste basicamente na adequação dos fornecedores às contingências da compra, podendo-se distinguir aí três situações.

Insumos novos em fornecedores conhecidos

Situação em que se prestigiam fornecedores com bom desempenho histórico, constituindo-se numa expansão natural decorrente de novos produtos a serem lançados ou novos mercados a serem almejados. Existe interesse recíproco entre fornecedor e organização-cliente, pois o fornecedor normalmente quer expandir o seu negócio, e a organização-cliente, aumentar o seu poder de barganha por meio de maiores volumes adquiridos. Além disso, o conhecimento de peculiaridades recíprocas reduz o custo de relacionamento, se comparado ao desenvolvimento de um novo fornecedor, não havendo necessidade de novos cadastramentos nem de adaptação mútua no cumprimento de acordos administrativos. A organização-cliente torna-se mais atrativa para o fornecedor porque lhe oferece mais possibilidades de aumentar o seu faturamento. Na indústria farmacêutica, por exemplo, certo fabricante de embalagens cartonadas terá preferência para o desenvolvimento de embalagens para novos produtos se mantiver junto ao seu cliente uma boa imagem de confiabilidade, envolvendo aspectos como qualidade, preço competitivo, capacidade de reação compatível com as necessidades do cliente etc.

Fornecedores novos para insumos conhecidos

Situação na qual um fornecedor não consegue ou não tem interesse em intensificar o relacionamento comercial com determinada organização-cliente, seja por incompatibilidade quantitativa da sua oferta quando comparada a novas demandas do cliente, seja por restrições técnicas, comerciais ou contingenciais, motivo pelo qual a parte cliente poderá decidir pela busca de um novo fornecedor. Existem igualmente razões de natureza estratégica, como no caso de determinado fornecedor ter seu controle acionário adquirido por um concorrente da organização-cliente. Nessa circunstância, a parte compradora poderá não desejar a continuidade do relacionamento comercial com tal fornecedor. Tomando novamente o exemplo de um fabricante de cartonados: se a indústria farmacêutica estiver insatisfeita com as condições comerciais praticadas ou com os padrões de qualidade, poderá buscar uma nova alternativa no mercado, em detrimento desse fornecedor habitual.

Fornecedores e insumos novos

Nesse caso há alterações advindas tanto do relacionamento com um novo fornecedor quanto do tratamento de insumos com características desconhecidas pela organização compradora, aumentando assim o risco de desvios devido a mudanças nas duas variáveis: fornecedores e objeto das compras. Tal situação pode igualmente resultar da decisão da organização-cliente de dedicar-se a novos mercados onde sejam requeridas novas tecnologias, incompatíveis com as competências dos fornecedores tradicionais. Dada a maior complexidade no estabelecimento de novos relacionamentos *business to business*, além do fato de se passar a trabalhar com novas tecnologias, normalmente tais atividades competem aos profissionais mais experientes da organização-cliente. Voltando mais uma vez ao exemplo do fornecedor de cartonados, a indústria farmacêutica poderá decidir pela substituição de embalagens cartonadas por *blisters*, buscando relacionamentos como novos fornecedores que dominem as técnicas requeridas por esse tipo de embalagem.

Nessas três situações descritas, a operacionalização do processo está sempre condicionada à aprovação de determinados fornecedores considerados capazes de prover certos insumos, seja por meio de certificações, seja pela comprovação de padrões técnicos que evidenciem as qualificações ou competências de cada fornecedor. Daí dizermos que se trata de uma visão tradicional.

Abordagem da competitividade

Nesse tipo de abordagem, a palavra "desenvolvimento" ganha nova dimensão, pois passa a referir-se ao fomento de modelos de gestão mais arrojados nas empresas fornecedoras, com o objetivo de consolidar cadeias de suprimentos confiáveis e de custo efetivo, propiciando disponibilidade de produtos, qualidade, flexibilidade e consequente satisfação do cliente. Para tanto, o foco do processo de desenvolvimento de fornecedores volta-se para o fomento de toda a base de fornecedores, envolvendo também subfornecedores,[12] de maneira a assegurar a toda a cadeia de suprimentos a capacidade de produzir e fornecer produtos com a qualidade, custos e flexibilidade requeridos pelo mercado cada vez mais competitivo.

---

[12] Trata-se dos fornecedores dos fornecedores, no contexto da cadeia de suprimentos.

A visão da competitividade vem estimulando as organizações-clientes a oferecerem a seus fornecedores apoio tanto técnico quanto organizacional para poderem melhorar o padrão de relacionamento e com isso alavancar a competitividade ao longo de toda a cadeia. Assim, programas de desenvolvimento empresarial são elaborados de comum acordo com os fornecedores dispostos a elevarem seus padrões de desempenho para melhor posicionarem-se no mercado.

Critérios para a escolha de fornecedores

A seguir comentaremos os nove principais fatores ou critérios usualmente considerados pelas organizações na escolha de seus fornecedores.

Habilidade técnica

Consiste nas reconhecidas competências, ou seja, na capacidade de determinado fornecedor efetivamente atender a todas as demandas técnicas da organização-cliente. Está ligada, em última instância, à racionalidade no emprego de todos os recursos empresariais, de maneira eficaz e sinérgica.

Capacidade de fabricação ou de atendimento

É a evidência de compatibilidade entre a capacidade operacional do fornecedor e as necessidades do cliente. Nos casos de demanda com histórico de muitas e intensas variações, a capacidade de fabricação do fornecedor precisa alinhar-se com as necessidades instáveis da parte cliente, a fim de garantir o atendimento mesmo durante os picos de consumo. Atenção especial deve ser dada a situações nas quais os fornecedores tenham reconhecida capacidade de fabricação, porém apresentem riscos de falta de capacidade de atendimento, como na situação de OH necessitada de receber insumos em caráter emergencial durante dias não comerciais, quando determinados fornecedores, mesmo com estoque disponível, não estão preparados para o efetivo atendimento.

Confiabilidade

Trata-se da imagem predominante consolidada pela parte cliente com relação ao fornecedor. Pode ser influenciada por opiniões de outros clientes, pelo mercado, por dados históricos e pela percepção do próprio cliente.

Serviço pós-venda

Está cada vez mais valorizado, na medida em que os serviços são agregados a produtos. Envolve garantias, assistência técnica e, se for o caso, infraestrutura para reposição de componentes e peças.

Localização geográfica

Consiste na avaliação da distância e dos meios de comunicação entre fornecedor e cliente, pois quanto maiores forem a distância e as dificuldades de acesso, mais representativo será o custo do frete em relação ao valor da mercadoria. Outro fator relevante é o valor agregado da mercadoria: quanto maior ele for, menor será a representatividade do frete na composição do custo integral do processo de aquisição. Além do aspecto relativo a custo, a proximidade geográfica de fornecedores favorece o relacionamento técnico-comercial, pois facilita comunicações de diversas naturezas e a solução de problemas que requeiram a presença *in loco*, além de reduzir os tempos de reação diante de situações no atendimento, principalmente em caráter de emergência.

Saúde financeira

Recomenda-se à parte cliente avaliar a saúde financeira dos fornecedores, sobretudo por uma questão de garantia da continuidade do fornecimento. Porém, muitas organizações-clientes deixam de fazê-lo devido à dificuldade de obter dados confiáveis para proceder a tais análises. Outras vezes, quando não se estabelece uma efetiva aliança entre as partes, tampouco um compromisso recíproco com a consolidação e continuidade dos negócios, prevalecendo o uso do poder econômico como fator de persuasão da outra parte, as avaliações de saúde financeira simplesmente deixam de ser efetuadas, expondo a organização-cliente ao risco de fechar negócios sem absoluta garantia de sua efetivação.

Condições comerciais

Incluem-se aí todos os fatores relacionados às práticas comerciais, como preços, descontos, bonificações, incidência de tributos, prazo para pagamento, ônus financeiro atrelado a alguma forma de financiamento. Em tempos de mercados tendentes à globalização, com forte competição interempresarial em muitos segmentos da atividade econômica, tais fatores são de grande importância na escolha de fornecedores.

Afinidade com valores dos clientes

Consiste na identificação de crenças semelhantes entre a parte fornecedora e a parte compradora, estando tal afinidade relacionada aos modelos de gestão por elas adotados.

Aspectos ligados à preservação ambiental e ações de responsabilidade social

Tais aspectos vêm sendo cada vez mais valorizados, diante das fortes pressões da sociedade no sentido de combater a degradação do meio ambiente e, ao mesmo tempo, incentivar a prática de ações voltadas para a responsabilidade social.

Detalhes sobre as principais atividades de compras

Planejamento de compras

Avaliação das necessidades identificadas pelos processos de gestão das demandas e de geração de pedidos, visando articular com os clientes internos o direcionamento das compras em função de estratégias predefinidas ou ações específicas, de modo a otimizar o suprimento de materiais no devido prazo e em condições técnicas e econômicas adequadas.

Definição de estratégias de compras

Análise e determinação das estratégias de compras a serem adotadas para cada categoria de materiais, considerando sua posição na matriz de decisão que leva em conta as variáveis de criticidade interna e a complexidade do mercado fornecedor, bem como volume de dispêndio anual com a aquisição desses materiais. Indica, ainda, as categorias prioritárias para utilização de compra eletrônica (*e-procurement*).

Sourcing

Processo de "desenvolvimento" mediante levantamento de requerimentos internos, análise do mercado e avaliação dos componentes de custos dos materiais, posicionando-se cada categoria na matriz de decisão de estratégias de compras e escolhendo-se a mais apropriada ao perfil da categoria.

Gestão de processos operacionais

Gerenciamento das ações de operacionalização de uma compra, por processo competitivo ou não, incluindo análise dos pedidos, convocação dos fornecedores, exame das propostas, julgamento, negociação e colocação da compra. Inclui, ainda, os pedidos de entrega de materiais de contratos vigentes.

Gerência de contratos de compra

Conjunto de atividades exercidas com a finalidade de assegurar o cumprimento de todos os eventos, prazos e condições constantes do documento de colocação da compra, tanto por parte do fornecedor quanto pela própria instituição. Um caso particular é o das compras no setor público, que têm características especiais, como veremos a seguir.

Compras no setor público

O processo de compras para hospitais da rede pública exige abertura de processo licitatório (licitação) para a aquisição de materiais em escala, por um prazo definido. O processo licitatório é um conjunto de procedimentos adotados pela administração pública visando à aquisição de bens e serviços. Nesse processo elabora-se um edital, o chamado *edital de licitação*, que nada mais é do que um caderno processual contendo todas as condições e exigências de determinado bem/serviço do qual a administração pública necessita.

Os fornecedores interessados na licitação pleitearão sua habilitação mediante a apresentação de documentos exigidos durante as etapas do processo e elaborarão suas propostas.

As habilitações são as condições estipuladas pela administração pública para que os participantes do processo licitatório possam oferecer seus bens/serviços ao Estado.

As propostas são documentos por meio dos quais os licitantes participam do processo oferecendo seu bem/serviço à administração pública, nas condições solicitadas pelo edital.

O edital ou convite é um instrumento convocatório no qual a administração define o objeto a ser adquirido e as condições de aquisição. Deve conter os seguintes itens:

- descrição detalhada (especificação completa) do material ou equipamento a ser adquirido, incluindo também a qualidade dos insumos (matéria-prima empregada, método de fabricação e controle de qualidade);
- critérios para avaliação de fornecedores e produtos, com disposições claras e parâmetros objetivos;
- fornecimento de amostras;
- definição de tolerância para prazos de validade dos produtos;
- personalização de embalagens e etiquetagem (código de barras);
- condições para participação da licitação, em conformidade com os arts. 27 a 31 da Lei nº 8.666, e a forma de apresentação das propostas.

No caso de editais para a compra de equipamentos, cumpre explicitar:

- garantias (prazo e cobertura total ou parcial a partir da data de operação do equipamento);
- fornecimento de esquemas e manuais de instalação, operação e manutenção (quando for o caso);

- relação de prestadores de serviço autorizados para assistência técnica;
- proposta de treinamento para os usuários de insumos ou operadores de equipamentos, a ser apresentada imediatamente após a aquisição;
- fornecimento de peças sobressalentes, definidas pelo comprador;
- no caso de instalação pelo fornecedor, definição do momento exato em que ela ocorrerá.

A especificação dos bens a serem adquiridos pode se basear nos seguintes instrumentos de apoio:

- laudo de certificação (Inmetro, ISO 9000 etc.);
- catálogo de fabricantes ou laboratórios;
- normas da ABNT;
- manuais de padronização de materiais e equipamentos médico-hospitalares;
- informações colhidas com os usuários/clientes;
- no caso de equipamentos, informações colhidas com o setor de manutenção;
- outros.

Vimos anteriormente que a informação é um elemento fundamental para o sistema de abastecimento hospitalar (SAH) e todos os seus subsistemas. As atividades desempenhadas pelo subsistema de compras de hospitais da rede pública ou privada devem-se basear, fundamentalmente, na informação. Por essa razão, uma prática que está se difundindo rapidamente é a criação de sistemas (em sua maioria sistemas gerenciadores de banco de dados — SGBD) capazes de armazenar, relacionar, organizar e disponibilizar informações sobre fornecedores e seus produtos. Eis alguns exemplos úteis de informações que devem fazer parte desse sistema:

- informações técnicas de fabricantes e laboratórios;
- apreciação de usuários/clientes (*feedback* sobre a qualidade e o desempenho), seja ela positiva ou negativa;
- dados cadastrais sobre os fornecedores ou potenciais fornecedores;
- informações sobre fornecimentos (regularidade, problemas, atrasos, prazos realizados e prazos previstos, prazos de validade dos itens entregues etc.);
- dados sobre entidades de classes;
- avaliações de amostras;
- relatórios sobre eventuais visitas a fabricantes, laboratórios, fornecedores e prestadores de serviço;
- inadimplências no fornecimento (*black list*).

A constante avaliação e a criação de um cadastro qualificado de fornecedores e produtos são atividades importantíssimas a serem desenvolvidas pelo subsistema de compras. Isso porque a seleção ineficiente de fornecedores e produtos gera custos ocultos que oneram as atividades do subsistema de compras e ameaçam a confiabilidade do SAH, por meio de:

- atraso na entrega;
- pedidos confirmados e não entregues;
- perdas devido a produtos mal embalados;
- prazos de validade curtos.

Neste capítulo apresentamos aspectos teóricos e práticos das compras, com destaque para o desenvolvimento de fornecedores, atividade importante segundo os modernos conceitos de logística. Apresentamos, também, uma descrição detalhada dos procedimentos para compras no setor público.

No capítulo seguinte serão estudadas as atividades relacionadas à armazenagem e distribuição.

7

Armazenagem e distribuição

Neste capítulo serão descritas operações logísticas de recebimento, armazenagem e distribuição aplicáveis a uma organização da área de saúde. É atividade de natureza física, que serve como meio de compensação entre as diferentes fontes de movimentação de materiais — fornecedores, manuseio interno, preservação e usuário. Em síntese, compreende a guarda, localização, segurança e preservação de materiais adquiridos, produzidos e movimentados por uma organização, a fim de atender suas necessidades operacionais, sejam estas de consumo, revenda, transformação ou reserva para uso eventual. As operações de armazenagem ocorrem, em geral, em instalações específicas, que recebem diversas denominações, como armazém, depósito, almoxarifado, galpão etc. Modernamente, a instalação mais conhecida é o centro de distribuição (CD), com atribuições, em geral, muito mais nobres. Existem instalações móveis, das quais a mais conhecida é o contêiner padronizado em dois tamanhos (20 e 40 pés).

Centro de distribuição

O papel dos CDs tem sido amplamente discutido nos processos de produção, venda e consumo de materiais. O cerne dessa discussão está nos custos que são agregados aos bens e serviços produzidos e comercializados. Há uma crescente busca por redução de custos ou eliminação de qualquer atividade que não adicione valor ao produto, estimulada por uma enxurrada de tecnologias ou filosofias do tipo QR (*quick response*), *just in time*, *kanban*, reengenharia, estoque-zero etc.[13]

Uma característica de qualquer CD moderno, independentemente de sua área ou pé-direito, é a ausência de colunas ou estruturas internas fixas. Para simplificar, um CD é como uma grande caixa vazia, dentro da qual são posicionadas unidades de estocagem com base em um *layout* ou plano esquemático. Na figura 10 você terá uma visão do *layout* geral, onde estão identificadas as principais áreas constituintes de um CD.

Figura 10
LAYOUT GERAL DE UM CENTRO DE DISTRIBUIÇÃO

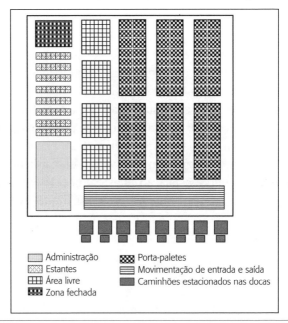

[13] Silva, 2009.

Com base no *layout*, podemos estabelecer um esquema lógico para endereçar os itens estocados, como veremos em seguida.

Esquema de endereçamento de materiais em CD

A movimentação de materiais, tanto na entrada quanto na saída, utiliza uma série de códigos que são lidos manualmente ou por meio de leitores de códigos de barras, a fim de que as informações e providências daí decorrentes sejam registradas nos sistemas de controle. O sistema de gestão de centros de distribuição (WMS) somente pode trabalhar com eficiência se estiver em funcionamento um esquema de endereçamento lógico e único, de modo a evitar erros na movimentação de materiais.

Para exemplificar um sistema de endereçamento, será utilizado o *layout* do CD mostrado na figura 11.

O código de endereçamento (CE) a ser utilizado terá a seguinte configuração:

❑ código alfanumérico, com letras e números intercalados, a fim de facilitar a localização manual;
❑ identificação, da direita para a esquerda, de edificação de armazenagem, corredor, instalação de estocagem, localização horizontal e localização vertical.

Exemplo:

O código 1.C.3.B.5 tem o seguinte significado (a leitura é feita do particular para o geral): o endereço do item de material corresponde ao quinto escaninho (a partir da circulação principal) da segunda prateleira (de baixo para cima) da estante 3, pertencente à instalação de estocagem 3, localizada na rua C do centro de distribuição 1.

Assim, no código 1.A.3.B.5:

❑ 1 — identifica o CD de número 1. Outras unidades receberão números sucessivos;

- A — identifica a rua A, devendo essa identificação de ruas (ou circulações) ser feita da esquerda para a direita, estando o observador na frente do CD;
- 3 — identifica a instalação de estocagem (estante, por exemplo), numerada sequencialmente, da frente para os fundos, se estiver localizada em um dos lados. Para dois conjuntos separados por uma circulação, a numeração deverá ser alternada: números ímpares à esquerda e pares à direita;
- B — identifica uma prateleira ou um nível de porta-paletes, a partir de A, de baixo para cima;
- 5 — identifica um escaninho ou uma posição de porta-paletes, com numeração a partir da rua onde está localizada a instalação de estocagem a que pertence.

Esse mesmo princípio de coordenadas alfanuméricas deverá ser adotado para as demais instalações de estocagem, como porta-paletes, áreas livres, zonas fechadas e outras. Com base na figura 11, vamos identificar o escaninho de código 1.A.3.B.5, como descrito no exemplo que mostramos a você.

Vejamos agora um assunto de grande importância para a armazenagem: a unitização de cargas, maneira de racionalizar os custos de movimentação de materiais.

Unitização de cargas

Esse é um dos elementos mais importantes no recebimento, armazenagem e distribuição de materiais. Contribui para a redução dos custos logísticos pelo fato de racionalizar o manuseio dos materiais, com ganho nos tempos de processamento e maior segurança no transporte e distribuição da carga.

O primeiro elemento empregado amplamente na logística é o palete de madeira do tipo PBR I. Trata-se de um estrado simples que veio revolucionar a movimentação dos CDs e a distribuição de materiais, principalmente no elo da cadeia de suprimentos entre indústrias e usuários de grandes quantidades, como supermercados e distribuidores de produtos farmacêuticos. Na figura 12 é mostrado o PBR I com as dimensões de 1,20 m × 1 m, feito usualmente de madeira e construído de acordo com normas específicas.

Da figura 11 destacamos a estante 3 e o escaninho 5 da segunda prateleira, como mostrado na figura 12.

Figura 11
ILUSTRAÇÃO DE ENDEREÇAMENTO DE ÁREAS DE ESTOCAGEM

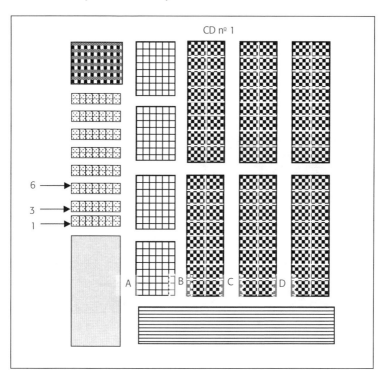

Figura 12
DETALHE DE IDENTIFICAÇÃO DE LOCAL DE ARMAZENAGEM

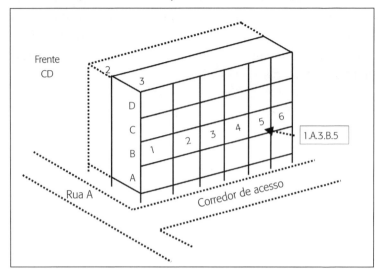

Figura 13
PALETE-PADRÃO PBR I

Fonte: Fort Palets. Disponível em: <www.fortpaletes.com.br>. Acesso em: 19 maio 2010.

O segundo grande recurso para unitização de carga e que funciona como uma instalação de armazenagem é o contêiner. Os mais comuns são aqueles utilizados no transporte marítimo e terrestre, com dimensões padronizadas internacionalmente, predominando os de 20 pés e os de 40 pés de comprimento. Na figura 14 é mostrado um contêiner de 40 pés. O de 20 pés difere apenas pelo comprimento, sendo iguais as outras dimensões. Esses dois tipos de contêineres são conhecidos como padrão International Standartization Organisation (ISO).

Figura 14
CONTÊINER DE 40 PÉS, CARREGADO DE MATERIAIS DIVERSOS EM PALETES

Fonte: Fort Palets. Disponível em: <www.novomilenio.inf.br/porto/conteinn.htm>. Acesso em: 19 maio 2010.

Alguns dos detalhes técnicos dos dois tipos de contêineres são mostrados na tabela.

CARACTERÍSTICAS DIMENSIONAIS DOS CONTÊINERES BÁSICOS
(DE 20 E DE 40 PÉS)

Detalhes	Contêiner de 20 pés (TEU)	Contêiner de 40 pés
Comprimento externo (m)	6,06	12,19
Largura externa (m)	2,44	2,44
Altura externa (m)	2,59	2,59

continua

Detalhes	Contêiner de 20 pés (TEU)	Contêiner de 40 pés
Comprimento externo (pés)	20	40
Largura externa (pés)	8	8
Altura externa (pés)	8'6"	8'6"
Peso/tara (kg)	2.330	3.800
Peso/tara (libras)	5.138	8.379
Carga média (t)	28,150	28,700
Superfície (m²)	13,93	28,33
Capacidade (m³)	32,85	66,83

Os dados mostrados referem-se aos dois tipos de contêiner padrão, destinados a cargas secas. Existem vários outros tipos, como, por exemplo:

❏ refrigerado (*reefer*);
❏ *open top* (aberto no alto, com cobertura de lona);
❏ ventilado (*coffee container*);
❏ *high cube* (com altura maior: 2,89 m);
❏ *flat rack* (aberto, fechada somente a base);
❏ *iso tank* (contendo tanque-cilindro).

O tipo *high cube* poderá ter as variações refrigerado, ventilado etc. Em síntese, pode-se dizer que, atualmente, qualquer tipo de carga pode ser conteinerizada; tudo é uma questão de custo-benefício, considerando-se que esse tipo de equipamento, geralmente alugado, tem custo elevado, sendo aplicável a cargas com valor agregado compatível. Abordaremos em seguida a atividade inicial de um CD: o recebimento de materiais.

Recebimento de materiais

Após a execução das compras, e decorrido o prazo de fornecimento, iniciam-se as tarefas relacionadas, como o recebimento dos insumos adquiridos.

Trata-se de operação que antecede a armazenagem e tem como objetivo o cumprimento do contrato de compra, materializando a recepção e conferências, especialmente de insumos tangíveis.

Diversas atividades compõem o recebimento de materiais, a começar pela verificação, geralmente comparando-se a documentação fiscal de cada insumo adquirido com o constante nos pedidos de compra. Verificam-se a especificação das mercadorias, as quantidades e as condições comerciais praticadas, que devem corresponder ao acordado no documento de compra. Por condições comerciais entendem-se, além do preço negociado, as condições de pagamento, eventuais descontos e bonificações, a incidência de tributos e demais dados fisco-tributários. Verifica-se também o correto preenchimento da documentação fiscal, incluindo, quando cabível, todos os dados referentes à forma e às condições comerciais do transporte. Especial atenção deve ser dedicada à conferência física quantitativa, envolvendo, sempre que necessário, pesagens ou conferências por meio de contagem.

No caso específico de contagem, recomenda-se a contagem "cega", que consiste na realização de duas conferências por pessoas diferentes, sem que tenham conhecimento da quantidade teórica. Uma terceira pessoa deve comparar as duas contagens com o mencionado na documentação fiscal. Havendo alguma divergência entre as três informações, uma terceira contagem deve ser realizada, buscando-se dirimir qualquer dúvida sobre a precisão dos dados. Tal método pode revelar-se problemático em organizações com estrutura operacional pequena, onde não haja pessoas em quantidade suficiente para a contagem "cega". A dificuldade pode ser superada com a ajuda de profissionais que exerçam funções análogas em outras áreas.

Feitas essas conferências, cumpre ao setor responsável pelo recebimento fornecer evidências da recepção física das mercadorias, por meio de assinaturas em canhotos de notas fiscais, conhecimentos de transporte rodoviário ou quaisquer outros dispositivos semelhantes.

Outra etapa do processo de recebimento é a identificação dos materiais adquiridos, seja por meio de etiquetas contendo codificação, quando aplicável, seja por qualquer outro critério adotado pela organização em questão. Existem meios efetivos e já acessíveis para se melhorar o processo de identificação, como, por exemplo, a utilização de códigos de barras ou das chamadas etiquetas inteligentes. Normalmente, na realidade organizacional brasileira, a identificação de materiais no âmbito hospitalar é menos automatizada do que na indústria farmacêutica, embora ambos os aplicativos estejam relacionados à gestão de suprimentos na área da saúde. Tais identificações, mediante acordo prévio, poderão ser efetuadas pelo fornecedor de cada insumo, embora seja mais frequente a identificação por parte da organização-cliente. É comum, nesse contexto, os materiais terem duas codificações: uma na linguagem do fornecedor e a outra obedecendo aos critérios da organização-cliente.

Eventuais discrepâncias de natureza física ou contábil deverão ser formalmente registradas e encaminhadas para tratamento pelas áreas responsáveis. As mais frequentes dizem respeito a diferenças entre as quantidades entregues e as constantes na documentação; a entregas parciais em relação a um pedido; a entregas em quantidades maiores do que as desejadas; ao cumprimento das condições comerciais negociadas; e a falhas no preenchimento da documentação fisco-tributária. Especificamente no tocante às quantidades efetivamente entregues, é comum às organizações-clientes estabelecerem um parâmetro no processo de aquisição de insumos denominado "percentagem de encerramento de pedidos". Essa prática consiste numa tolerância para mais e/ou para menos em cada pedido emitido, de forma a permitir ao fornecedor pequenas variações na quantidade efetivamente pedida. Na realidade contemporânea, e dependendo do material a ser adquirido, a percentagem de encerramento de pedidos dificilmente é maior do que 10%. Isso significa dizer que, diante de um pedido de 100 unidades de determinada mercadoria, o fornecedor pode entregar entre 90 e 110 unidades, sendo qualquer quantidade nesse intervalo suficiente para ser considerada compatível com o pedido de 100, encerrando-se o processo automaticamente.

Em algumas organizações, a atividade de recebimento confunde-se com o controle de qualidade na entrada dos insumos. É atribuição do recebimento informar o setor responsável pela inspeção de qualidade na entrada das mercadorias, quando os insumos forem dependentes desse tipo de controle. Muitas vezes as mercadorias são fornecidas com "qualidade assegurada", condição na qual o fornecedor garante todo o cumprimento de especificações técnicas previamente estabelecidas, podendo-se eliminar, consequentemente, o controle de qualidade na entrada dos insumos.

Além do recebimento físico, o recebimento contábil inclui, após as conferências já referidas, o encaminhamento da documentação para providências de pagamento, envolvendo, em geral, as áreas de compras, almoxarifado e, principalmente, contas a pagar. Assim, o processo de aquisição somente será considerado efetivamente finalizado quando os pagamentos forem efetuados, segundo acordos prévios.

Outra atribuição do processo de recebimento é o encaminhamento das mercadorias recebidas para armazenagem ou utilização. No âmbito hospitalar, trata-se de encaminhá-las para a guarda até o momento do consumo. Essa guarda é feita em instalações de armazenagem cujas características já foram descritas neste capítulo. Na indústria farmacêutica, as exigências do mercado consumidor no sentido de redução constante e crescente de custos estão levando as organizações a adotarem mecanismos visando à redução de estoques simultaneamente à compactação de tempos dos ciclos produtivos. Esse quadro pode ser favorável à adoção da filosofia *just in time*, já referida nos capítulos anteriores. Graças a ela, a indústria farmacêutica brasileira vem privilegiando a entrega de produtos, incluindo embalagens, diretamente dos fabricantes fornecedores para o local e o momento do consumo, eliminando assim as atividades de armazenagem, que adicionam custo sem agregar valor aos materiais.

A última atividade relevante da função recebimento é a devolução de mercadorias defeituosas ou em quantidades superiores às acordadas, sempre com o cuidado de documentar os encaminhamentos e de obter previamente o consentimento do fornecedor, visando evitar reenvios que, além de causarem nova incidência de frete, induziriam a outros retrabalhos.

As etapas do processo de recebimento aqui detalhadas são muito parecidas com aquelas existentes na maioria das organizações produtivas. No caso específico de medicamentos, além dos cuidados já comentados, deve-se realizar uma rigorosa conferência no que diz respeito à denominação do produto, fórmula farmacêutica, detalhes alusivos à concentração (no caso de materiais diluídos), identificação de lote (geralmente numérica), prazo de validade e registro no Ministério da Saúde. Todos esses detalhes, peculiares a alguns setores da economia, como a indústria farmacêutica e toda a cadeia de distribuição de fármacos, devem ser mencionados também na documentação de compra (pedido de compra).

Finalmente, por questões relacionadas à segregação de funções e para maior fluidez do processo, recomenda-se destinar à área de recebimento um espaço físico separado do espaço para armazenagem. Facilidades operacionais — como acessibilidade para veículos de carga, plataformas para auxiliar o descarregamento e equipamentos para manuseio de materiais — são desejáveis, e sua imprescindibilidade deve ser avaliada em função de volumes, pesos e principalmente frequência de recebimento, sobretudo na indústria farmacêutica. No caso de hospitais e clínicas, o processo de recebimento geralmente exige menos aparatos operacionais, devido às características das mercadorias e sua maior portabilidade.

Armazenagem específica para ambientes hospitalares

A atividade de armazenagem normalmente se segue às tarefas de recebimento e tem como finalidade a manutenção de determinados volumes de mercadorias para consumo ao longo do tempo.

Essa atividade adiciona custos ao processo logístico, mas não agrega valor e, portanto, na medida do possível deve ser alvo de estudos visando sua eliminação ou ao menos sua redução. Evidentemente, é bastante desejável a existência de determinado nível de estoques disponíveis para consumo na hora certa. Porém, o fato de os materiais permanecerem estocados ou armazenados durante certo tempo não lhes agrega valor; ao contrário, quando se trata, por exemplo, de algum material com prazo de validade, quanto maior o tempo de permanência numa área de estocagem, maior o risco de perda da mercadoria justamente por decurso daquele prazo.

Outro fator relevante é o valor das mercadorias estocadas. Quanto maior o valor em estoque, maior o custo de sua manutenção, em termos de remuneração sobre o capital imobilizado. Há, adicionalmente, outras características da manutenção de estoques, como custo da área e da mão de obra para o trabalho de armazenagem, *picking* (retirada do estoque, o antônimo da armazenagem), conferências, registros contábeis na movimentação de lotes (entradas e saídas), custo de seguros contratados, energia elétrica despendida, depreciação de equipamentos e instalações etc.

Do ponto de vista operacional, a área destinada à estocagem deve situar-se geograficamente de forma a favorecer os processos de *inbound* (entrada) e *outbound* (saída). Portanto, deve oferecer facilidades para a recepção de materiais provenientes do recebimento, bem como fluidez para o atendimento à demanda dos clientes internos.

A área de armazenagem ideal deve ser um ambiente saudável, limpo, arejado e bem iluminado, com piso adequado e instalações fisicamente bem dimensionadas, *layout* funcional e acesso somente para pessoal devidamente autorizado.

Especialmente no setor da saúde, muitos insumos, como matérias-primas, princípios ativos, excipientes etc., podem ser vulneráveis a condições severas de armazenagem, motivo pelo qual os cuidados aqui descritos são importantes para se evitar a perecibilidade de insumos. Os fármacos exigem tratamento especial quanto à armazenagem, como veremos a seguir.

Armazenagem de fármacos

No setor da indústria farmacêutica, é comum haver dois locais distintos para a armazenagem de insumos destinados à entrada no processo produtivo: um somente para embalagens e impressos, incluindo cartuchos, insumos para a montagem de *blisters*, ampolas, frascos, flaconetes, embalagens coletivas (caixas de embarque), bulas, etiquetas e artigos afins, e outro para matérias-primas (princípios ativos, excipientes, corantes) e demais insumos diretos. Frequentemente, existe um terceiro e último armazém, destinado a produtos acabados, de onde se abastece a cadeia de distribuição.

Nos hospitais, a área de armazenagem da maioria dos insumos utilizados é denominada farmácia hospitalar, que cumpre duas funções fundamentais. A primeira muitas vezes acumula as responsabilidades de recebimento com a preparação de medicamentos para a distribuição aos pacientes em doses individuais devidamente programadas. A segunda função vital consiste na preparação de medicamentos e materiais de consumo para posterior utilização. Os materiais de consumo são aqueles destinados à higiene e limpeza, servindo para a manutenção das tarefas de hospedagem hospitalar.

Convencionalmente, uma farmácia hospitalar costuma armazenar três tipos de mercadorias:

❑ medicamentos "de prateleira", em geral artigos descartáveis, incluindo agulhas, seringas, equipos e demais artigos tipicamente farmacêuticos;
❑ medicamentos passíveis de controles específicos, como psicotrópicos e várias famílias de fármacos causadores de dependência química ou psíquica, que podem requerer a prestação de informações quantitativas às autoridades da área da saúde — por exemplo, fluxo de consumo e estoques remanescentes, ao longo do tempo;
❑ artigos refrigerados, como medicamentos, determinados antibióticos e outros itens sensíveis à temperatura ambiente ou a variações bruscas de temperatura. Normalmente, para tais artigos não há necessidade de nenhum equipamento especial, bastando um refrigerador comum de uso doméstico.

No caso de hospitais, merecem atenção especial os aspectos ligados à padronização na especificação dos itens a serem estocados, visando maior racionalidade ao longo da cadeia interna. Por exemplo, maior economia de escala no processo de aquisição, em virtude de maior poder de barganha com fornecedores; menor quantidade de itens cadastrados, com redução também das atividades de controle; menor quantidade de material em estoque, graças à redução na variedade de itens, o que significa menor custo operacional.

Recomenda-se a formação de um comitê de padronização, composto por um grupo multifuncional com profundo conhecimento das tarefas da organização, ficando ele incumbido de determinar as especificações dos insumos a serem mantidos em estoque.

Para se ter uma ideia da importância da definição de critérios para a especificação de compra e, consequentemente, de armazenagem, existem no mundo cerca de 30 mil medicamentos registrados em farmacopeias. Destes, cerca de 33% são efetivamente consumidos no Brasil, o que corresponde a algo em torno de 10 mil medicamentos, a maioria deles de fabricação nacional. Por outro lado, existem cerca de 500 princípios ativos, o que sugere a necessidade apenas de aproximadamente 500 medicamentos diferentes.[14]

A grande diferença entre a quantidade de princípios ativos e a de medicamentos disponíveis relaciona-se à associação de mais de um princípio ativo no mesmo medicamento e nas formas de apresentação. Referimo-nos à dosagem do princípio ativo, à utilização do excipiente ou forma de apresentação (injetável, endovenoso, cápsulas, comprimidos, pomadas, cremes etc.) e ao tamanho da embalagem. Citamos como exemplo os *blisters* contendo sete, 14 ou 28 comprimidos do mesmo medicamento, os frascos de 50, 100 ou 200 ml, e assim por diante.

Ainda a respeito de farmácias hospitalares, um dispositivo legal — a Resolução RDC nº 50, de 21 de fevereiro de 2002, alterada pela Resolução nº 189, de 18 de julho de 2003 — é instrumento de normatização por meio de regulamento técnico destinado a orientar o planejamento, a programação, elaboração,

---

[14] Barbieri, 2006:283.

avaliação e aprovação de projetos físicos de estabelecimentos assistenciais de saúde. A construção de novos estabelecimentos, bem como a reforma e eventual ampliação dos já existentes devem atender aos critérios dispostos nessa resolução, em respeito à legislação sanitária federal.

Todas as farmácias hospitalares são consideradas estabelecimentos assistenciais de saúde, devendo evidenciar a realização de atividades como recepção e inspeção de produtos farmacêuticos, bem como seu armazenamento e controle; distribuição de produtos farmacêuticos, incluindo a denominada "dispensação"; manipulação, fracionamento e reconstituição de medicamentos; preparação e conservação de misturas endovenosas; preparação de nutrição parenteral; diluição de quimioterápicos e germicidas; controle de qualidade e prestação de informações sobre produtos farmacêuticos.[15]

A área destinada à recepção e inspeção de medicamentos, de acordo com a resolução em vigor, deve corresponder, no mínimo, a 10% do total da área de armazenagem, a qual deve ter obrigatoriamente o mínimo de 0,6 m^2 por leito disponível no hospital. Um hospital com 400 leitos, por exemplo, deverá dispor de um mínimo de 240 m^2 de espaço físico devidamente segregado e destinado exclusivamente à armazenagem e ao controle de produtos farmacêuticos.

Usualmente, num hospital, os denominados postos de enfermagem requisitam medicamentos a serem supridos pela farmácia hospitalar. Nas unidades de pronto atendimento (ou pronto-socorro) desvinculadas de estruturas hospitalares, geralmente se dimensionam os estoques de insumos farmacêuticos para garantir certa autossuficiência, prevendo-se períodos para ressuprimento.

---

[15] Anvisa, 2008a.

Já nos hospitais de grande porte as farmácias hospitalares costumam ter estruturas consideráveis, envolvendo atividades de manipulação e até preparação em escala quase industrial, tanto em medicamentos como em produtos químicos diversos, além de artigos correlatos. Isso ocorre por três principais motivos. O primeiro deles é de natureza econômica, ou seja, a produção própria é mais econômica do que a comercial, pois não envolve custos com embalagens, nem aspectos mercadológicos e promocionais, sem contar o lucro da indústria de fármacos. O segundo diz respeito à possibilidade de grande customização, ou seja, preparação de medicamentos para atender a necessidades específicas de alguns pacientes, evitando ou ao menos reduzindo substancialmente os riscos de efeitos colaterais. O terceiro e último motivo relaciona-se à existência, geralmente nos grandes hospitais, de laboratórios farmacêuticos devidamente capacitados a realizarem boa parte ou até a totalidade das tarefas técnicas importantes no processo de produção de medicamentos. Portanto, parte da estrutura técnica já costuma estar disponível, favorecendo a atividade. Produtos nutricionais e dietéticos devem igualmente ser armazenados de forma cuidadosa. Veja como.

Armazenagem de insumos para nutrição e dietética

Geralmente atrelado à existência de uma cozinha hospitalar, o serviço de nutrição e dietética dos hospitais destina-se ao atendimento de dois objetivos principais: o preparo de refeições tanto para pacientes com necessidades específicas quanto para aqueles sem restrição alimentar; e o preparo de refeições convencionais para acompanhantes e para toda a mão de obra, própria ou de terceiros, em atividade num hospital.

Igualmente balizado pela resolução já referida, o dimensionamento adequado das atividades de recepção e armazenagem de alimentos e utensílios, e de preparo, cocção e finalização de refeições depende da quantidade de refeições previstas em cada turno de trabalho. Por exemplo, para uma previsão de até 200 refeições por turno, considera-se a área mínima de 0,45 m^2 por refeição; entre 201 e 400 refeições, essa área é de 0,3 m^2, e assim por diante.

Os critérios de armazenagem para insumos destinados à nutrição e dietética devem atender ao convencionado para alimentos e artigos afins, respeitando-se a quantidade de empilhamento recomendada pelos fabricantes e a necessidade de temperatura controlada para determinados itens, incluindo refrigeração, quando necessário, não devendo haver consumo de artigos com data de validade vencida. Um detalhe operacional importante é a prática do *first in, first out* (Fifo) ou, em português, "o primeiro a entrar será o primeiro a sair" (Peps). Mecanismos operacionais, mesmo os mais simples, devem garantir o adequado giro de mercadorias, sendo sempre consumidos primeiramente os lotes com data de validade mais próxima do vencimento. Note-se que a prática do Fifo ou Peps tem como principal referência a data de fabricação dos produtos, e não de sua aquisição, pois sempre haverá a possibilidade de se adquirir um lote com data de fabricação anterior à de um lote que já se encontre armazenado.

Armazenagem de insumos para lavanderia hospitalar

A armazenagem é também praticada nas lavanderias hospitalares, tendo por finalidade o adequado abastecimento de roupa de cama e banho e de uniformes profissionais, tanto no aspecto quantitativo quanto qualitativo, ou seja, em condições higiênicas compatíveis com as finalidades propostas. O rigor higiênico nos uniformes utilizados em centros cirúrgicos, por exemplo, não é o mesmo exigido nas demais indumentárias e peças usadas pelos pacientes na hospedagem hospitalar, pois os primeiros devem ser esterilizados antes do uso.

Determinadas peças, diferentemente do hábito cotidiano na utilização doméstica, têm prazo de validade — por exemplo, os lençóis, por serem frequentemente utilizados na movimentação de pacientes dos leitos dos quartos para as macas, devem ser suficientemente resistentes para suportar-lhes o peso. Há, pois, necessidade imperiosa de se dimensionar adequadamente a quantidade de peças em uso, planejando com antecedência as necessidades de ressuprimento à medida que vão vencendo os prazos de validade.

O dimensionamento da área destinada às lavanderias hospitalares é regulamentado pela Resolução RDC 50/2002, com destaque para os seguintes requisitos:

❑ triagem de roupa usada logo em sua origem, de maneira a garantir lotes de peças que necessitem dos mesmos cuidados durante o processo de lavagem;

❑ área segregada para recepção, classificação, pesagem ou controle quantitativo por volume de peças: trata-se de ambiente altamente contaminado, com necessidade de requisitos de infraestrutura bastante peculiares, como exaustão mecanizada;

❑ máquinas de lavar dotadas de porta dupla, permitindo a entrada de roupa usada em ambiente diferente do local de coleta das peças lavadas.

O almoxarifado da lavanderia denomina-se rouparia. Nela devem ser acondicionadas as peças prontas para utilização. Quatro tipos de roupas são frequentemente encontrados nas rouparias: peças de tecido a serem convertidas em peças, sempre que houver atividades de corte e costura em determinado hospital; peças novas; peças usadas, porém limpas (esterilizadas ou não, conforme o caso); e peças retornando de reparo ou conserto, prontas para utilização.

Como referências quantitativas para o leitor, seguem-se alguns dados sobre o dimensionamento na atividade de lavanderia hospitalar:[16]

- consumo de roupa na lavanderia — de 4 a 5 kg por paciente/dia;
- roupa em andamento ou no fluxo, isto é, em uso, sendo processada na lavanderia, sendo recolhida e sendo transportada para o usuário — de quatro a cinco vezes o consumo diário, ou seja, de 16 a 25 kg por paciente/dia;
- gasto anual de roupa — de 4 a 5 kg por paciente/ano.

A seguir, trataremos da armazenagem de produtos não diretamente vinculados aos pacientes, como itens para manutenção, produtos gerais e gases medicinais.

Armazenagem para manutenção

Tanto nos hospitais como em outras atividades no âmbito da saúde, o setor de manutenção tem como responsabilidades a conservação de equipamentos em bom estado de funcionamento, preferencialmente por meio de manutenção preventiva; a execução de consertos, quando requeridos; e a continuidade ininterrupta da infraestrutura necessária para o bom andamento das atividades, incluindo energia elétrica, água, gazes, vapor, vácuo, ar comprimido, esgotos, sistema de comunicações audiovisual etc.

A manutenção (civil, elétrica, eletrônica, hidráulica, mecânica etc.) envolve atividades como serralheria, marcenaria, carpintaria, pintura e refrigeração, entre outras.

Devido aos requisitos específicos das atividades de manutenção, os hospitais devem prover estrutura eficaz como forma de garantir que equipamentos e instalações permaneçam inoperantes durante o menor período de tempo possível.

---

[16] Barbieri, 2006:289.

Embora as peças de reposição devam ser guardadas no armazém central, é imprescindível que a equipe de manutenção tenha livre acesso ao mesmo, a fim de evitar a falta de insumos para as tarefas de manutenção, principalmente as de cunho corretivo. Como o acesso irrestrito do pessoal de manutenção ao armazém central fere os preceitos de segregação de função, é comum haver um subalmoxarifado na área de manutenção, contendo não somente artigos de consumo, como lâmpadas, resistências para chuveiros elétricos, reparos para torneiras etc., mas também certo estoque de equipamentos e acessórios sobressalentes em condições de uso, como compressores, válvulas etc.

Armazenagem de itens de natureza geral e de gases medicinais

O almoxarifado geral tem como finalidade a armazenagem de estoques de itens de consumo previsíveis e necessários à manutenção de um hospital, uma indústria de fármacos ou qualquer outra organização no setor da saúde: materiais de uso geral, produtos de limpeza e higiene, peças de reposição para equipamentos, artigos de papelaria e informática, uniformes, utensílios, produtos químicos e cilindros de gases hospitalares, quando necessário, entre outras famílias de artigos.

A concepção de um almoxarifado deve privilegiar os seguintes principais requisitos:

- ❏ segregação de área física, impedindo o acesso de pessoas estranhas à área;
- ❏ controle eficaz da entrada e saída de mercadorias, primando pela acurácia ou acuidade[17] dos estoques; todo atendimento

---

[17] Confiabilidade dos estoques físicos em relação aos controles ou registros contábeis, referentes à movimentação dos inventários.

deve ser feito criteriosa e necessariamente mediante documentação formal de entrada ou saída de mercadorias;

- horários de atendimento previamente estipulados, induzindo os clientes internos a se programarem de maneira adequada para um atendimento efetivo;
- atendimento em regime de emergência, por meio de plantão ou acesso à pessoa devidamente credenciada, fora dos horários convencionados para atendimento;
- identificação de endereçamento no local de armazenagem para todos os insumos previstos, a fim de facilitar a identificação das mercadorias no menor tempo possível;
- arranjo físico na área de estocagem possibilitando a reunião de artigos por famílias ou grupo de produtos;
- disposição racional das mercadorias, facilitando o acesso aos itens com maior giro.

No caso específico de gases, também sob a responsabilidade do almoxarifado geral, pode-se operar com cilindros estocados, cujo tratamento operacional assemelha-se aos demais itens armazenados ou, mais comumente, pela guarda dos gases em área externa, em tanques estacionários ou em centrais de gases constituídos de baterias de cilindros, além das usinas concentradoras de oxigênio.

A Resolução RDC 50/2002, em seu regulamento técnico sobre gases medicinais, enfatiza o disposto nas normas elaboradas pela Associação Brasileira de Normas Técnicas (ABNT) por intermédio do seu Comitê Brasileiro Odonto-Médico-Hospitalar (ABNT/CB 26). Especificamente, a norma NBR 12.188:2003 estabelece requisitos para a instalação de sistemas centralizados de suprimento de oxigênio, óxido nitroso, ar comprimido e vácuo para uso medicinal em estabelecimento de saúde. De acordo com Barbieri (2006:295), "um sistema centralizado é um conjunto formado pela central de suprimento, rede de distribuição e postos de utilização destinados a fornecer suprimento contínuo desses gases".

Existem quatro tipos de suprimentos, no que diz respeito especificamente a gases:

- suprimento de emergência — fonte de suprimento independente do sistema centralizado, transportável até o local de utilização, pronta para uso, constituída de cilindros;
- primário — fonte permanente de suprimento à rede de distribuição;
- secundário — fonte de suprimento para uso imediato e automático em substituição e/ou complementação ao suprimento primário, em situação de rodízio;
- suprimento de reserva — fonte de suprimento para uso imediato e automático em caso de falha ou manutenção dos suprimentos primário e/ou secundário.

Descreveremos agora os princípios que norteiam a atividade de distribuição, tanto na fase anterior da armazenagem como em etapa posterior.

Distribuição

Essa é a função responsável pela disponibilização dos itens de material necessários às operações de uma organização. Ela está presente em todos os níveis de uma cadeia de suprimentos, assim como outra função logística, certamente a mais onerosa: o transporte. Na cadeia de suprimento *inbound*, a distribuição poderia ser classificada como "de atacado", isto é, lidando com grandes quantidades de produtos, geralmente entregues nos centros de distribuição das organizações compradoras. Na cadeia *outbound*, a distribuição, mesmo quando envolva grandes quantidades, vai-se transformando em algo como "varejo". Ao longo de todo o processo de distribuição, de montante a jusante, são muitos os elementos e procedimentos com os quais a distribuição opera. Por exemplo, vários tipos de veículos de transporte, diversas formas de embalagem e acondicionamento, equipamentos de carga e descarga, operações de *cross-docking*,[18] roteirização, rastreamento, segurança etc.

Presentes em toda a cadeia de suprimento, os canais de distribuição são "conjuntos de organizações interdependentes envolvidas no processo de tornar o produto ou serviço disponível para uso ou consumo".[19] Esse conceito confirma e valida as considerações feitas quanto ao papel da distribuição de material.

Independentemente do ramo de atuação, todas as organizações que utilizam materiais no exercício de suas atividades recorrem às chamadas operações logísticas. Como já foi dito anteriormente, o termo *logística* é utilizado no Brasil há relativamente pouco tempo, mas as funções que ele abrange sempre foram exercidas nas organizações sob a denominação de *suprimentos* ou, mais frequentemente, no âmbito da saúde, de *administração de materiais*.

Independentemente da terminologia utilizada, as chamadas operações logísticas constituem um segmento da administração voltado para disponibilizar quantidades adequadas de determinados materiais para certos usuários, no momento adequado e no local correto, dentro de condições técnicas previamente estipuladas. De modo sucinto, pode-se dizer que a logística é o conjunto de atividades voltadas para a gestão do fluxo de materiais e do consequente fluxo de informações ao longo da cadeia de suprimentos.

---

[18] Operação pela qual as cargas recebidas de diversas fontes são consolidadas em uma instalação (CD) ou outro local e a seguir transferidas para outros veículos com destino único, nos quais diferentes itens são reunidos. O *cross-docking* pode ser realizado sem armazenagem ou com armazenagem temporária.

[19] Apud Novaes (2004:110).

Por cadeia de suprimentos entende-se o conjunto de organizações produtivas que se relacionam por meio de um fluxo de materiais e informações, visando satisfazer às necessidades dos clientes internos ou externos de determinada organização.

Portanto, a operação logística está presente desde o relacionamento entre fornecedores e subfornecedores de uma cadeia; atravessa a estrutura funcional de determinada organização e envolve todo o relacionamento com clientes, até atingir o consumidor final, sendo responsável, ainda, por atividades de pós-venda e pós-entrega, tais como garantias e serviço técnico.

A distribuição é atividade crucial na cadeia de suprimentos porque envolve grandes custos de transporte, diretamente proporcionais ao nível de capilaridade da rede. Por exemplo, se o CD de uma rede de farmácias supre 40 lojas de determinada região, o custo de distribuição aí envolvido está associado à quantidade e frequência de veículos e pessoas empregados para tal.

Por outro lado, se um CD abastece outros pontos de distribuição, o custo até o usuário final será acrescido do custo de estocagem no CD intermediário e de outros custos de transporte até o mesmo. Assim, quanto maior for a quantidade de elos (ou níveis) da cadeia de suprimentos no processo de distribuição, maior será seu custo.

No nível 1 há ligação entre a fonte produtora (ou supridora) e o cliente final; é o caso da venda direta ao consumidor, não havendo, portanto, custo de intermediação. O custo logístico crescerá à medida que aumente a quantidade de níveis.

Tome-se como exemplo um grande distribuidor de medicamentos que faz a distribuição dos itens para venda por meio de CDs. O problema a ser resolvido pela gestão da empresa quanto ao custo de distribuição é determinar o número de níveis de intermediação que produz o menor custo total. Se a região a ser atendida for muito extensa, um ou dois CDs de grande porte poderão suprir CDs menores, situados mais perto de hospitais, clínicas, postos de saúde e farmácias, com menor custo total de distribuição.

Como isso seria possível? Caminhões de grande porte supririam o CD de nível 1 com grande quantidade de produtos que, juntamente com outros, constituiriam a fonte que iria alimentar o nível 2, realizando uma espécie de *cross-docking*, que significa a consolidação de cargas e produtos de diferentes fornecedores, que são redistribuídos para um nível inferior de consumo (CDs, lojas de varejo etc.). Nesse nível ocorreria nova operação de distribuição, sendo os pontos de consumo (nível 3) abastecidos por meio de veículos de menor porte e custo. A figura 15 mostra essas operações de distribuição.

Figura 15
ILUSTRAÇÃO DE *CROSS-DOCKING*

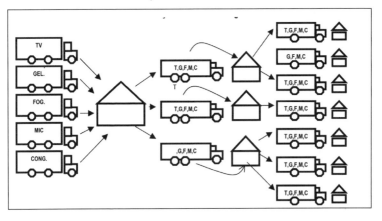

Podemos ver que existem três níveis na cadeia de distribuição: o primeiro, do fabricante para o CD central; o segundo, do CD central para os CDs intermediários; e o terceiro, constituído por hospitais, clínicas, farmácias e outros. Por meio dessa ilustração pode-se compreender que os custos estão diretamente associados às decisões sobre o número de níveis e sobre os tipos de veículos a serem empregados na rede de distribuição.

O processo pode ser tornar complexo, exigindo, no caso de grandes empresas, o emprego de sistemas de gestão de centros de distribuição e de transporte. Por exemplo, o *warehouse management system* (WMS) serve principalmente para a gestão dos materiais entre as docas de recebimento e de expedição e os locais de armazenagem. Outro sistema empregado é o *transportation management system* (TMS), que serve para gerenciar os processos fora das docas. Tanto um quanto outro possuem versões em diferentes níveis de sofisticação e de custos, razão pela qual a escolha de um deles deve ser precedida de estudos cuidadosos por parte da gestão logística.

Mais recentemente tem sido verificada no Brasil, inclusive na área da saúde, a prática do *transit point*, bastante semelhante ao *cross-docking*, com a diferença de que no *transit point* podem ser conciliadas mercadorias de diversas origens (fabricantes ou fornecedores), racionalizando o direcionamento aos destinos comuns por meio da redução dos custos de frete e do tempo médio para a efetivação dos transportes.

Os sistemas do tipo TMS são, em princípio, os mais complexos, normalmente divididos em módulos, cada qual tratando de procedimentos específicos, tais como: gerenciamento da frota de veículos, controle de fretes e programação de cargas, roteirização, rastreamento e atendimento aos clientes. Isso explica por que as empresas estão cada vez mais utilizando operadores logísticos para reduzir esses custos que oneram significativamente o produto final. O sucesso de empresas como os Correios, no Brasil, e Fedex, UPS e DHL, no âmbito internacional, decorre do fato de elas possuírem grande capilaridade no seu processo de distribuição, alcançando todos os elos de uma cadeia de suprimentos a jusante de quem utiliza seus serviços. Além disso, em função da escala, os custos de rastreamento, por exemplo, podem ser reduzidos quando se utilizam as estruturas dessas empresas logísticas.

Neste capítulo foram descritas as funções de armazenagem e distribuição, detalhando-se os aspectos relacionados às organizações hospitalares.

No próximo capítulo veremos algumas aplicações da tecnologia da informação à logística em geral e à logística hospitalar em situações específicas.

8

Tecnologia aplicada à logística

Neste capítulo serão apresentados alguns dos recursos mais empregados na logística das organizações. No caso das organizações hospitalares, as aplicações mais comuns, na área operacional, são os códigos de barras e, mais recentemente, os sistemas RFID (*radio frequency identification*). Na área gerencial, os sistemas ERP (*enterprise resources planning*) são os mais utilizados.

Os conceitos logísticos não são recentes; apenas não havia tecnologia disponível para pôr em prática muitas dessas ideias. A microinformática e os sistemas em rede modificaram inteiramente esse cenário, e atualmente a logística está totalmente integrada a esse novo ambiente. O mesmo ocorreu com a telecomunicação, que, a assim como a informática, se tornou disponível e barata. A seguir serão descritos alguns elementos relacionados à tecnologia aplicada na gestão logística.

Código de barras

O código de barras (CB) vem desempenhando, nos últimos anos, um importante papel no processo de informatização em todas as áreas logísticas, inclusive nas OHs, no que diz respeito ao controle de equipamentos, de estoques e na dispensação. O do CB reduziu consideravelmente o tempo despendido com a digitação na entrada de dados. Quando um CB é lido, a informação nele constante é transferida, em tempo real ou por acumulação em leitor, para um banco de dados e, em consequência, os sistemas daí derivados (compras, estoques, armazenagem, distribuição, movimentação de equipamentos, dispensação e outros) são atualizados, obtendo-se significativo ganho de produtividade. Existem outras formas mais eficazes e rápidas na captura de dados, como *chips*, *transponder* etc., entretanto o CB é o mais barato de todos, o que o torna, por ora, insuperável para aquilo a que se destina. Outras aplicações mais sofisticadas para os CBs são o acionamento de robôs em linhas de montagem para a execução de tarefas específicas, execução de *cross-docking* automático, controle de máquinas automáticas, execução de *kanban*, entrada de dados de notas fiscais (CB bidimensional), e assim por diante. Praticamente não há limites conhecidos para seu emprego. O CB mais conhecido é o padrão EAN, utilizado no comércio. Na indústria e em serviços, outros padrões são empregados, como o 39 e o 2 em 5. Existem CBs bidimensionais, como o Data Matrix, que tem capacidade de armazenar até 3000 *bytes*.

Padrão EAN/GS1[20]

O tipo mais comum é o EAN-13, utilizado para identificar bens de consumo em geral. A estrutura do código, exclusivamente numérica, é:

❑ os três primeiros dígitos, atribuídos pela GS1 internacional, representam o país onde é produzido o item. Os produtos brasileiros são identificados pelos dígitos 789;
❑ os quatro, cinco ou seis dígitos seguintes, atribuídos pela GS1 Brasil,[21] identificam a empresa produtora do item;
❑ os demais números, com exceção do último, que é o dígito verificador, servem para identificar o item — também chamado de SKU,[22] individualmente — e são atribuídos pela empresa produtora.

A figura 16 mostra um código EAN-13 com a indicação de sua composição: país, fabricante, código do item e dígito de controle.

Há uma versão reduzida, o EAN-8, empregada em produtos cuja embalagem tem pouco espaço. A estrutura desse código contém a identificação do país (igual à do EAN-13) e a do item, além do código verificador. Esse tipo de código, mostrado na figura 17, é atribuído e controlado pela GS1 Brasil.

---

[20] European Article Numbering System (EAN), organização internacional responsável pelo padrão mais popular de código de barra, usado principalmente em produtos comercializáveis para consumo. Foi sucedida pela Global Language of Business (GS1), atual responsável pelo padrão mundial de identificação por códigos de barras de uso comum no comércio.
[21] Disponível em: <www.gs1.org.br>. Acesso em: 18 maio 2015.
[22] *Store keeping unit* (SKU) é a menor unidade de um produto movimentado por uma empresa. Por exemplo, uma lata de leite em pó colocada numa gôndola de supermercado é um SKU.

Figura 16
ESTRUTURA DO CÓDIGO EAN-13 APLICÁVEL A PRODUTOS BRASILEIROS

Figura 17
ESTRUTURA DO CÓDIGO EAN-8

Outro código EAN-GS1 empregado em gestão logística é o EAN-DUN 14, que serve para identificar materiais unitizados, como caixas, fardos, contêineres e semelhantes. Como a denominação indica, tem 14 dígitos e é formado a partir do EAN-13.

O usuário deve apenas adicionar um dígito (de zero a nove), chamado de variante logística (VL). Esse dígito é colocado antes do prefixo do país (no caso do Brasil, antes do 789) e serve para indicar características específicas de interesse do usuário.

Figura 18
CÓDIGO EAN – DUN 14

Finalmente, entre os principais códigos do padrão EAN utilizados no controle e movimentação de materiais está o GS1-128, antigo EAN-128. É o mais completo da família, servindo como um pequeno banco de dados. Com uma estrutura de até 48 dígitos alfanuméricos, é empregado para identificar diversas características de um material unitizado, tais como número do lote, série, fabricação, prazo de validade, localização e outros dados de interesse do usuário. Podem-se utilizar vários códigos EAN-128 numa só embalagem. Na figura 19 pode ser observada uma ilustração desse código, do mesmo modo que na figura 20 é mostrado um exemplo de monitor, tipo LCD, da empresa Philips, fabricado na China (note o código EAN-13).

Figura 19
DETALHES DO GS1-128

Figura 20
ETIQUETA COM EAN-13 E GS1-128

Veremos a seguir um código de barras que possui as características de um pequeno banco de dados: o bidimensional.

Código bidimensional

Esse é um tipo de código mais recente, criado nos anos 1990. Sua principal característica é a capacidade de acumular grande quantidade de informações, podendo-se considerá-lo um banco de dados. É muito útil para agilizar a entrada de dados complexos, como notas fiscais de fornecedores. O conteúdo dessas notas é transmitido diretamente para a memória do computador pela leitura do código nelas impresso. Isso reduz a quantidade de erros que normalmente ocorrem quando os dados das NFs são digitados na entrada dos produtos na doca do CD. Os códigos bidimensionais também podem ser utilizados com muita segurança para codificar ordens de produção que contenham muitas informações.

Com o advento e popularização do EDI,[23] tecnologia usada para transmitir dados de notas fiscais e/ou listagem de remessas, e com a introdução das etiquetas inteligentes, o uso do CB bidimensional tende a diminuir. No início, a leitura do CB bidimensional exigia um equipamento especial, não portátil como os empregados para ler códigos unidimensionais. Hoje estão sendo utilizadas tecnologias baseadas no registro de imagens (fotos) para decodificar códigos de barras bidimensionais, o que barateia a operação. Ver figrua 21.

Figura 21
CÓDIGO DE BARRAS BIDIMENSIONAL

Os dois padrões mais populares de CB bidimensionais são o PDF e o *data matrix*, recursos que podem ser estudados com mais detalhes por meio da internet, via uma consulta ao Google. Além deles o código bidimensional QR (*quick response*) tem sua aplicação voltada para a decodificação por meio de *scanners*, ou por *smartphones* (com App de leitura de QR) ou, ainda, por *tablets*. Esses padrões são mostrados na figura 22.

---

[23] Significa a troca de dados entre computadores, aplicada aos negócios das empresas. Os dados têm formato padronizado, regulado por organizações nacionais e internacionais, não incluindo mensagens de texto ou sonoras.

Figura 22
CÓDIGOS DE BARRAS BIDIMENSIONAIS

Para informações complementares sobre o código QR, baixe o código abaixo em <www.youtube.com/watch?v=Je6mpL5Z-Ys>.

Vejamos agora outro recurso de emprego mais recente na identificação de materiais, as chamadas etiquetas inteligentes.

Etiquetas inteligentes (RFID, EPC, chips)

Mais sofisticados do que o CB, esses recursos são conhecidos pelas siglas RFID (*radio frequency identification*) ou EPC (*electronic product code*). O sistema RFID constitui-se de um *microchip* com uma antena e um leitor, também provido de antena. Seu tamanho é tão reduzido que ele pode ser adicionado a cartões, etiquetas, rótulos ou outros meios que possibilitem a leitura eletrônica e, portanto, a localização e o rastreamento. Serve igualmente para identificar, localizar e rastrear pessoas, animais ou qualquer outro elemento móvel. Nos seres vivos, inclusive os humanos, pode ser introduzido sob a pele, passando a fazer parte do corpo, com reduzido risco de rejeição.

Na prática, os *chips* são como minúsculos computadores alimentados de forma indutiva pela energia produzida pelos equipamentos de leitura. No entanto, a capacidade de processamento de dados e de armazenamento é reduzida, algo como 1 kB. É evidente que essa capacidade será aumentada gradativamente, à medida que a nanotecnologia[24] se desenvolva, o que, de fato, já está ocorrendo.

Na logística, o uso da RFID tende a crescer porque pode contribuir para a redução dos custos relacionados a estoques e movimentação de produtos. Na área de serviços, como bancos, os *chips* já são utilizados em cartões de crédito para tornar mais seguro o seu emprego. Outro campo de grande aplicação dos *chips* são o controle e o rastreamento de documentos. Em síntese, como a logística refere-se a tudo que se movimenta, o emprego da RFID é ilimitado. O problema é o seu custo, ainda elevado, algo em torno de US$ 1 por etiqueta. Porém, com a massificação e o desenvolvimento tecnológico, logo esses recursos se tornarão mais acessíveis. Por enquanto, a avaliação custo-benefício ainda é favorável ao CB.

---

[24] Ciência que trata do projeto e construção de materiais, estruturas e equipamentos tão reduzidos que sua medida é expressa em nanômetros, isto é, a milionésima parte de um milímetro.

Em 2005, a cadeia de supermercados Wal-Mart, maior empresa do mundo, anunciou para o início de 2006 a introdução, nos seus centros de distribuição, das etiquetas inteligentes para os paletes e caixas recebidos de seus principais fornecedores. Foi uma iniciativa meio unilateral de um grupo poderoso, que podia impor tal procedimento, sabendo que os fornecedores perceberiam os ganhos a longo prazo e, também, que essa seria a forma de continuarem trabalhando com um comprador tão grande. A expectativa da direção da Wal-Mart é de que, em breve, a RFID terá um custo da ordem de 10 centavos de dólar.

Qual a vantagem obtida pela Wal-Mart ou qualquer outra organização que assim proceda? Simples: para determinar a quantidade de produtos num CD, o código de barras exige que a leitura seja feita item a item. Já os *scanners* de RFID leem todo o conjunto de uma única vez, o que por si só já é um ganho substancial em termos de tempo e custo. Além disso, a RFID permite o rastreamento do item, o que não ocorre com o CB. Assim, pode-se dizer que o emprego da etiqueta inteligente nos casos em que o custo do sistema compensa é uma realidade irreversível.

Na área de saúde vêm sendo estudados diversos procedimentos para a utilização da RFID no controle e movimentação de instrumentos hospitalares e na dispensação de medicamentos. O Hospital Albert Einstein, na cidade de São Paulo, está fazendo experiências com dispensação apoiada em RFID.[25]

---

[25] Para um estudo complementar sobre códigos de barras, consultar o site <www.tec-it.com>, que permite inclusive a geração online de diversos tipos de códigos de barras.

Rastreamento de dados

O fato é que, devido à quantidade de recursos tecnológicos disponíveis, a logística tornou-se mais complexa, com maiores custos envolvidos. Os investimentos em tecnologia sofisticada também se tornaram vultosos. Por exemplo, a tecnologia de rastreamento via satélite transformou os veículos de transporte em verdadeiros CDs móveis, com toda a flexibilidade que se possa imaginar. Os processos logísticos relacionados ao transporte das mercadorias utilizam recursos de TI empregando satélites e a internet. Além do simples rastreamento, objetivo inicial que visava à segurança do transporte, outras possibilidades são exploradas, visando otimizar e produzir conhecimento para a tomada de decisões rápidas. A inteligência embarcada no veículo por meio de softwares específicos permite a execução de diversos controles como, por exemplo, a telemetria sobre o funcionamento do veículo (velocidade, modo de condução, consumo de combustível, regime do motor, controle de temperatura da carga transportada etc.).

O crescimento dos negócios eletrônicos, principalmente do B2B (empresa a empresa), levou à utilização, com maior alcance gerencial, de uma tecnologia baseada num antigo projeto militar norte-americano dos anos 1970: o GPS (*global positioning system*). Este funciona com base em 29 satélites de órbita média (cerca de 20.000 km de distância da Terra). O primeiro deles foi lançado em 1978, e o último, em 2004. A partir da década de 1980, esse serviço foi liberado para aplicações civis, embora essa situação possa reverter-se a qualquer momento, a critério do governo norte-americano. As empresas dedicadas ao rastreamento de veículos têm que utilizar, além do GPS, outros satélites, proprietários ou compartilhados. Esses recursos adicionais de comunicação tornam-se necessários porque o GPS fornece apenas dados sobre posição (latitude e longitude), velocidade, altura e tempo. Existe também um sistema russo, o Glonass, semelhante ao GPS, porém de uso exclusivamente militar.

Está sendo implantado um sistema de posicionamento global ainda mais moderno, o Galileu, controlado pela Agência Espacial Europeia (ESA). O Galileu será constituído de 30 satélites colocados em órbita média de 23.222 km. Em dezembro de 2005 foi lançado o primeiro dos satélites, o Giove A. Até 2010 o sistema estará completo, a um custo estimado de € 3,4 bilhões. O Galileu oferecerá serviços muito mais sofisticados e diversificados do que o GPS, de modo que a maioria deles será paga. Os serviços básicos, semelhantes àqueles prestados pelo GPS, continuarão sendo gratuitos. Entre as inúmeras diferenças entre os dois sistemas, a precisão da localização é uma das que mais interessam à logística. Enquanto a margem de erro do GPS é de 15 m, a do Galileu será inferior a um metro, garantem os técnicos da ESA.

Como foi dito antes, os sistemas de localização como o GPS e, futuramente, o Galileu necessitam de outros sistemas de satélites para a prestação de serviços logísticos sofisticados. Uma das redes adicionais de satélites é a Inmarsat-C (International Maritime Satellite Organization),[26] que tem a Embratel como provedora do serviço no Brasil. A rede é formada por nove satélites geoestacionários (36.000 km de distância). A empresa brasileira Controlsat utiliza essa rede para gerar informações logísticas para seus clientes.

O leitor poderia perguntar: que relação existe entre o rastreamento e as organizações de saúde? Muitas, responderíamos. Eis algumas:

❏ os produtos farmacêuticos têm em geral custos elevados e pequeno volume. No Brasil, os transportadores desses produtos são um dos alvos prediletos de assaltantes de caminhões,

---

[26] Disponível em: <www.inmarsat.com>.

principalmente quando sabem que os veículos transportam itens de grande valor ou de utilização controlada (tarja preta). O rastreamento permite maior controle, incluindo cercas eletrônicas, recurso que permite identificar qualquer desvio de rota;
- por questões de custo operacional, usuários como hospitais, farmácias e outros procuram trabalhar com níveis reduzidos de estoque e, para garantirem o suprimento, utilizam os recursos de rastreamento dos distribuidores para o atendimento de demandas no menor tempo possível;
- no caso dos transplantes, as operações logísticas pré-cirúrgicas devem ser monitoradas com rigor para que o objetivo final seja alcançado.

Outra rede a ser destacada é a Orbcomm,[27] formada por 35 satélites de órbita baixa (700 a 1.000 km de distância). A Damos (*joint venture* entre os grupos Telespazio, Inepar, Entel Chile e BGH) é uma das principais empresas que utilizam o sistema Orbcomm.

Cabe citar igualmente a Globalstar,[28] sistema de telecomunicação móvel, via satélite, que poderá em breve se tornar um grande *player* nos controles logísticos. Conta com 52 satélites de órbita baixa (1.414 km de distância), 48 deles em funcionamento e quatro de reserva, podendo entrar em operação imediatamente, se necessário.

O satélite brasileiro BrasilSat também é empregado em conexão com a rede Orbcomm via OmniSat (sistema da empresa provedora Autotrac).

Apesar da aparente complexidade dos sistemas, seu emprego por empresas gerenciadoras de processos logísticos é extremamente simples, bastando possuir, no mínimo, um microcomputador de configuração média e uma linha telefônica

---

[27] Disponível em: <www.orbcomm.com>.
[28] Disponível em: <www.globalstar.com>.

para conexão via *fax modem*. Toda a "inteligência" do sistema de rastreamento fica por conta das empresas especializadas que atuam no mercado.

A figura 23 mostra de forma simplificada o funcionamento do sistema de rastreamento de veículos com a utilização do GPS e do Inmarsart-C (os demais sistemas de satélite operam de forma semelhante).

O esquema mostrado na figura 23 será descrito a seguir sob a forma de procedimentos.

Figura 23

ESQUEMA DE RASTREAMENTO DE CARGAS

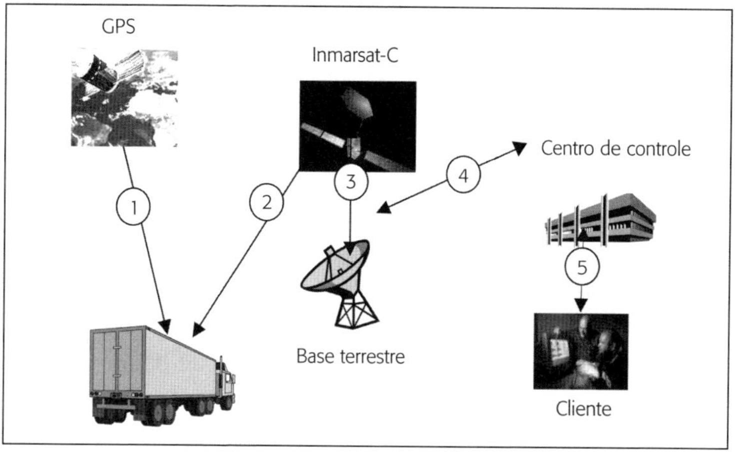

Rastreamento via satélite: procedimentos

1. A antena existente no veículo capta os sinais do sistema GPS. Os dados sobre a localização geográfica do veículo e outros fornecidos pelo GPS são inseridos nos recursos de TI disponíveis no veículo.

2. Os dados são processados com outras informações produzidas no veículo, gerando informações que são enviadas para a rede de satélites (Inmarsat, Orbcomm etc.).

3. O satélite retransmite as informações para uma das bases terrestres, de acordo com a localização do cliente.
4. A base terrestre envia as informações (por diversos meios físicos) para o centro de controle da empresa provedora do serviço (Controlsat, Damos, Autotrac, Braslaser etc.).
5. O centro de controle disponibiliza as informações para o cliente via internet ou via modem.

Todos os procedimentos são bidirecionais, com exceção do primeiro (dados obtidos no sistema GPS), o que possibilita a troca de informações entre o veículo rastreado e os proprietários/administradores do mesmo, e vice-versa. Isso torna muito flexível a operação de frotas, sob vários aspectos, inclusive a segurança. As cercas eletrônicas, por exemplo, permitem que o controle perceba em tempo real se o veículo desviou-se do roteiro original além de certa margem de tolerância.

EDI: intercâmbio eletrônico de dados

O *electronic data interchange* (EDI) é um recurso largamente empregado pelas empresas para realizarem negócios por meio da troca de arquivos codificados. Essa troca de dados obedece a determinados padrões, como Edifact, RND, X-12 (Ansi). O EDI ainda é mais utilizado no setor bancário, mas seu emprego vem-se disseminando rapidamente, sobretudo com a disponibilização de recursos da internet. Entre as organizações de saúde também se observa essa tendência. A troca de dados médicos, via EDI, entre hospitais já é uma prática adotada por grandes instituições, havendo inclusive experiências com intervenções cirúrgicas a distância.

A logística tem muito a ganhar com a utilização do EDI porque esse recurso contribui efetivamente para a redução de custos, possibilitando, por exemplo, a massificação do *just in time* — JIT.[29] Com efeito, os estoques representam um grande dispêndio em capital circulante. Considerando a elevada taxa de juros praticada em mercados como o brasileiro, é fácil compreender como o emprego do EDI contribui para a redução dos custos dos estoques, que são naturalmente repassados aos consumidores.

O EDI clássico exige, além de protocolos especiais de comunicação e padrões para codificação de mensagens, a utilização de *value added networks* (VANs). Estas são provedoras de serviços de rede (Embratel, por exemplo) que possibilitam a conexão entre os computadores de empresas, mesmo que suas respectivas bases de dados e sistemas de gerenciamento sejam diferentes uns dos outros. A VAN funciona como uma espécie de caixa postal, recebendo e armazenando dados de uma empresa, e transmitindo-os, em diferentes intervalos de tempo, para a empresa de destino, e vice-versa. O uso da VAN ainda persiste, mesmo com o desenvolvimento do meio virtual público (internet), porque oferece elevado grau de segurança para seus usuários. A figura 24 mostra um esquema simplificado do funcionamento do EDI tradicional.

Figura 24
ESQUEMA DE FUNCIONAMENTO DO EDI, COM VAN

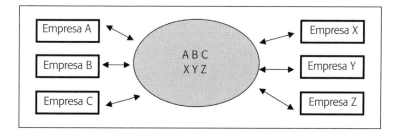

---

[29] Sistema que consiste em empregar materiais e componentes somente quando ocorre a demanda, possibilitando assim a redução drástica dos estoques.

Tal esquema, embora bastante simplificado, serve para mostrar como se efetua a troca de dados entre as organizações em questão. As setas bidirecionais significam que há envio (*upload*) e recebimento (*download*) de arquivos.

O desenvolvimento da internet por meio dos *websites* tornou possível a implantação da web-EDI, muito mais barata e acessível para pequenas organizações. No entanto, a desvantagem da web-EDI é o menor grau de segurança das transações, a despeito dos investimento feitos nesse ramo.

Diversas empresas oferecem sistemas baseados na internet para a troca eletrônica de dados. Esses sistemas podem ser instalados nos servidores das empresas-clientes ou no servidor da organização que presta tais serviços. Os padrões nesses sistemas via internet são menos rígidos que os do EDI tradicional, permitindo assim maior flexibilidade na troca de dados, documentos ou mensagens, em formatos que respeitem o padrão estabelecido entre as partes envolvidas na troca.

Sistemas integrados de gestão (ERP/SIG)

Há uma relação direta entre os sistemas integrados de gestão (ERP) e o conceito de gestão da cadeia de suprimentos. Essa relação reside no fato de que os sistemas integrados de gestão trabalham com uma abordagem semelhante, isto é, buscar o melhor resultado (otimização) para cadeia de valor de uma empresa. A única diferença é que o ERP trabalha mais com a vertente interna da cadeia de valor, enquanto o SCM (*supply chain management*) prioriza as relações externas da cadeia de suprimento das organizações. Faremos a seguir algumas considerações sobre a origem dos sistemas ERP.

Origem dos ERP/SIG

Do ponto de vista operacional, e para nos basearmos em referência concreta, podemos dizer que os atuais SIG tiveram sua origem no *materials requirement planning* (MRP) criado no final dos anos 1960 por Oliver Wight. A figura 25, adaptada de Bittner (2006), mostra a evolução dos aplicativos, desde os MRP I e II até a atual visão de gestão da cadeia de suprimentos.

Figura 25
EVOLUÇÃO DOS SISTEMAS INTEGRADOS DE GESTÃO

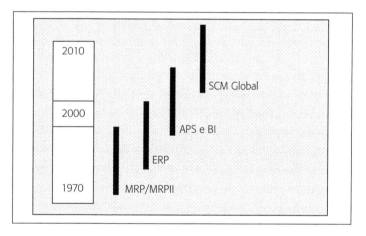

APS = advanced planning scheduling (planejamento da demanda do suprimento).
BI = *business intelligence* (aplicações e tecnologias que reúnem, armazenam, analisam e tornam possível o acesso a dados que permitem às empresas gerar conhecimento para a tomada de melhores decisões).

Situação atual dos sistemas ERP

Na maioria dos casos, um sistema ERP é ainda relacional, isto é, trata das transações internas e externas da empresa de forma integrada. A evolução desse processo ocorre quando se passa a operar segundo o conceito de empresa estendida, isto é, quando as conexões via TI entre empresas realmente ocorrem. A partir daí se diz que há uma gestão colaborativa entre elas. Essa é a situação presente e futura das organizações de ponta em termos de tecnologia aplicada à gestão dos negócios corporativos em qualquer tipo de empresa, seja na indústria, no comércio ou nos serviços.

Principais fornecedores de sistemas ERP

A empresa alemã SAP ainda é a principal fornecedora do sistema R-3 em suas diversas versões que contemplam os diferentes módulos de uma organização, inclusive o de logística. Outras grandes empresas de software próximas à SAP em termos de presença no mercado são: I2 Technologies, Oracle, PeopleSoft (absorvida pela Oracle), JDA® Software Group Inc. (adquiriu Manugistics) e Totvs. Vale notar que nesse campo há muitas mudanças, com aquisições, fusões e outras formas de colaboração, de modo que essa relação deve ser vista com reservas. Empresas como a Oracle podem ser consideradas mais estáveis.

Neste capítulo apresentamos os principais recursos disponibilizados pela TI para o desenvolvimento da moderna logística. Demos destaque aos códigos de barra porque ainda representam o ponto de partida para a contínua modernização das organizações de saúde.

No próximo e último capítulo veremos conceitos e elementos básicos da terceirização aplicada às operações logísticas, principalmente em ambiente hospitalar.

9

Terceirização aplicada à área da saúde

Neste capítulo serão apresentadas algumas das principais características da terceirização aplicada a diversas atividades realizadas no ambiente hospitalar. Pretende-se demonstrar a importância e atualidade desse instrumento gerencial de uso crescente nas organizações em geral e nas OH em particular.

Fundamentos da terceirização

A terceirização continua sendo um dos temas mais discutidos no âmbito das organizações, independentemente de seu ramo de atividade, tamanho, origem ou localização geográfica. Muitos gestores tratam de estudar a fundo o funcionamento desse processo para poderem decidir-se sobre a viabilidade ou não de sua introdução em cada cenário organizacional.

O termo terceirização é amplamente utilizado no ambiente organizacional para referir-se ao processo evidenciado pela "tendência moderna que consiste na concentração de esforços nas atividades essenciais, delegando a terceiros as ditas atividades complementares".[30]

A gestão das empresas enriqueceu-se nos últimos tempos com várias técnicas e ferramentas inovadoras: a evolução do conceito de qualidade, a busca de produtividade, os aplicativos da reengenharia, a administração participativa, entre outras. Nesse rol inclui-se a terceirização.

Uma das consequências da crescente utilização de conceitos relacionados à gestão da cadeia de suprimentos é a busca permanente de menores custos operacionais. Reforça-se a ideia de que o cliente final é o motor que impulsiona toda a cadeia anterior que produz os itens ou serviços por ele consumidos. Com isso as organizações tendem a transferir para terceiros atividades que, por força da isonomia trabalhista a que estão sujeitas, não contribuem tanto para os seus resultados. Na realidade, essa é uma visão extremamente positivista, uma vez que, à luz de outros conceitos, todos os integrantes de uma empresa são partícipes e responsáveis pelos resultados por ela alcançados. Entretanto, no mundo real das empresas, isso é cada vez menos considerado. O objetivo é sempre alcançar, fundamentalmente, eficiência (custos) e eficácia (competitividade).

As atividades mais indicadas para a terceirização são aquelas que não fazem parte do chamado *core business*[31] da empresa. De acordo com o Enunciado nº 331 do Tribunal Superior do Trabalho,[32] tais atividades seriam:

❑ trabalho temporário;
❑ atividades de vigilância;
❑ atividades de conservação e limpeza;
❑ serviços especializados ligados à atividade-meio do tomador.

---

[30] Giosa, 1997:17.
[31] Atividades-fim (termo discutível) da empresa.
[32] Apud Corrêa (2006).

Na prática, a interpretação desses itens tem sido extremamente ampla, a começar pela visão dialética que informa os conceitos de atividade-fim e atividade-meio. No capítulo referente ao planejamento de suprimento, conceituamos essas atividades de forma clássica: nas OHs, as atividades-fim são aquelas diretamente relacionadas a diagnóstico, terapêuticas e recuperação de pacientes, ao passo que as atividades-meio visam apoiar com eficiência e eficácia as tarefas finalísticas.

Entretanto, nas organizações de ponta do mundo atual, há uma crescente integração dos meios de produção e de serviços, em virtude do alto nível alcançado pelos recursos tecnológicos, principalmente os da informação. Além disso, a globalização inverteu os níveis de crescimento de atividades cruciais. Por exemplo, em termos mundiais, o crescimento do PIB ao longo dos últimos 20 anos tem sido menor do que o crescimento do comércio. Assim, uma atividade-meio, como o transporte, pode também ser considerada uma atividade-fim, fazendo parte do *core business* de muitas organizações.

O fato é que o setor de serviços cresce de forma acentuada, e essa é uma tendência internacional. O valor do PIB brasileiro de 2007, calculado pelo IBGE, mostra que o setor de serviços é o maior dos três, sendo os outros dois a indústria e o comércio.

Transferindo essas novas práticas para a área de saúde, e segundo a referida dialética conceitual em relação às atividades-meio e fim, podemos citar, mais uma vez, o caso da logística dos transplantes de órgãos. Convidamos você, a refletir sobre o real papel do transporte nesse processo: seria uma atividade-meio, de simples apoio? Ou uma atividade crítica, da qual depende diretamente o sucesso do empreendimento? Daí se pode depreender que, no mundo atual, é arriscado raciocinar de forma dicotômica sobre a gestão de qualquer organização, inclusive as que estão voltadas para a saúde dos indivíduos. Voltemos à terceirização.

Por terceirização entende-se, pois, a tendência de transferir para terceiros as atividades que não fazem parte do negócio principal da empresa. Numa visão mais ampliada, terceirização "é um processo de gestão pelo qual se repassam algumas atividades para terceiros com os quais se estabelece uma relação de parceria, ficando a empresa concentrada apenas em tarefas essencialmente ligadas ao negócio em que atua".[33]

Dessa última definição podem-se destacar três aspectos indispensáveis para viabilizar as terceirizações:

❏ processo de gestão — diante da implementação, é necessário visualizar a organização como um todo, considerando os ambientes interno e externo, e a partir daí reconhecer a aplicabilidade no ambiente empresarial. É uma forma de conduzir todas as etapas que irão sensibilizar a organização para a introdução da terceirização;
❏ aliança estratégica ou parceria — a terceirização só se completa quando conta com um parceiro ideal na consolidação do produto ou serviço. Esse parceiro pode ser encontrado no mercado ou "desenvolvido" internamente, conforme as conveniências específicas de cada situação;
❏ negócio — palavra que está inserida na atividade principal da empresa. É importante analisar como a empresa atuou nos últimos anos, até que ponto ela se dedicou efetivamente ao seu negócio principal. Todo o vigor e energia de uma organização devem concentrar-se na atividade principal, para se poder alcançar resultados com rapidez.

Razões para a terceirização

A terceirização pode ser vista como um instrumento capaz de propiciar maior capacidade de ação, maior rapidez e redu-

---

[33] Giosa, 1997:19.

ção de custos. Eis os principais motivos para as organizações a adotarem:

- é saudável — oxigena a organização, refaz ambientes e a estrutura hierárquica, dá mais autoridade e responsabilidade ao corpo funcional; faz com que a organização tenha mais condições estruturais de atuar, uma vez implementado o processo;
- é interessante como negócio — cada vez mais a organização precisa concentrar-se na atividade principal, buscando melhores resultados, mais positividade e produtividade, e contando com a sinergia dos esforços de empresas fornecedoras de bens e serviços;
- busca agilidade — com maior dinamismo, as transações internas, o corpo funcional, as relações com terceiros e a comunicação externa melhoram substancialmente a capacidade de interagir e competir nos mais diferentes mercados;
- tem caráter estratégico — cabe à organização perceber exatamente como colocar a terceirização a serviço do seu negócio, do ambiente organizacional.

Vejamos um exemplo de como se aplica a terceirização. É preciso avaliar os ambientes interno e externo da organização.

Imaginemos um hospital que tenha sido concebido para ter restaurante próprio, incluindo a cozinha e todas as atividades e meios pertinentes à sua operação, como preparo e cocção de alimentos, equipamentos e utensílios, profissionais (cozinheiros, ajudantes), ambiente físico etc. Para decidir sobre a viabilidade ou não de uma possível terceirização, ou seja, de atribuir a uma entidade terceira a responsabilidade pela operação do restaurante hospitalar, os seguintes aspectos devem ser analisados:

- força de trabalho — que fazer com o corpo funcional? Poderá ser absorvido pelo prestador de serviços? Esse é um fator importante para a decisão, uma vez que, além de envolver pessoas, pode ter implicações trabalhistas;

- investimentos — ter atividades verticalizadas (em vez de terceirizadas) exige investimentos constantes e em áreas de conhecimento e gestão alheias às atividades-fim. Afinal, por que um hospital deveria necessariamente dominar a arte culinária e as especificidades de sua gestão?;
- desenvolvimento de pessoas — necessidade constante de aprimoramento da força de trabalho, com custos geralmente representativos, visando garantir um elevado padrão de desempenho;
- suprimentos — recursos físicos (artigos de consumo) imprescindíveis para a continuidade das atividades; no caso, todos os ingredientes utilizados no preparo das refeições, o que requer capacidades gerenciais numa área muito diversa das atividades convencionais de um hospital;
- ambiente físico — o hospital em questão teria de destinar uma área para as instalações da cozinha hospitalar, além daquelas para deposição de alimentos (matérias-primas), manuseio e higienização de ingredientes, recepção de mercadorias etc. Tudo isso pode acarretar custos elevados.

Mudanças requeridas pelo processo de terceirização

A principal mudança diz respeito ao relacionamento com o corpo funcional. Se na terceirização se quiser manter as mesmas pessoas, a serem absorvidas pela futura empresa prestadora de serviços, elas deverão ser vistas como parceiros nos negócios. É preciso trabalhar com a parceria num cenário muito aberto com relação às pessoas, pois elas deverão estar comprometidas com o sucesso dessa mudança no modelo de gestão. Esse compromisso deve começar pela aceitação do processo de terceirização. Tais pessoas serão cúmplices nessa implementação, terão maiores responsabilidades e serão mais exigidas, contribuindo para melhores resultados.

O segundo aspecto é a necessidade de maior sintonia com o negócio principal. É de se esperar maior dedicação de tempo e recursos às atividades-fim, com o objetivo de potencializar esforços e consequentemente melhorar o desempenho. Essa ênfase no *core competence* deverá possibilitar um relacionamento muito mais intenso com o mercado, o produto oferecido ou o serviço prestado. A gestão do negócio tende a apresentar alterações porque a empresa passa a interagir mais intensamente com o mercado e suas necessidades.

O terceiro e último aspecto inclui quatro fatores, todos vitais para o sucesso do processo de terceirização:

❑ qualidade — melhores padrões advindos de especialização;
❑ preço — resultado da especialização, da competitividade e da busca de produtividade;
❑ prazo — aliados precisam cumprir prazos para não comprometer o negócio;
❑ inovações — decorrentes de foco mais específico e da especialização esperada do terceiro.

É recomendável a existência de um contrato formal para sustentar os acordos de terceirização, estabelecendo direitos e obrigações para as partes. É importante, ainda, formalizar claramente a identificação exata desses quatro fatores (qualidade, preço, prazo, inovações), visando estabelecer e disciplinar as relações entre as duas personalidades jurídicas. Vejamos quais seriam as vantagens de se implantar a terceirização.

Vantagens e fatores restritivos do processo

As principais vantagens incluem:

❑ crescimento econômico — com a implantação da terceirização, há ingresso de novas organizações no mercado e fomento ao crescimento de organizações pequenas. O Estado passa a receber mais impostos, e a economia é incrementada;

- competitividade organizacional — as organizações, de maneira geral, melhoram suas condições de competitividade;
- busca da qualidade nos processos de terceirização, aliada à competitividade;
- custos — emprego de processos de terceirização capazes de viabilizarem reduções de custos. Em alguns casos podem chegar a até 50%, principalmente quando dependentes de tecnologias mais inovadoras;
- realização funcional de atividades e pessoas — algumas funções mudam, passando da execução à coordenação; multifuncionalidade, capacidade de motivação.

Por outro lado, observam-se alguns fatores restritivos:

- desconhecimento da alta administração das empresas — muitas empresas ainda dependem de decisões internas, enquanto o competidor já está utilizando modelos de gestão mais agressivos;
- resistência e conservadorismo — resistência é inerente ao corpo humano (diante de nova relação profissional); conservadorismo relaciona-se aos valores das pessoas, individualmente;
- dificuldade de encontrar o parceiro ideal — dependendo do ramo de atividade, corre-se o risco de não se encontrar no mercado alguém realmente disposto a assumir o empreendimento e a se adequar segundo os quatro fatores importantes, já descritos; muitas empresas têm dificuldade em encontrar o aliado ideal por falta de oferta em determinada especialidade;
- falta de capacidade das empresas para desenvolver um contrato de parcerias por não saberem lidar com aspectos jurídicos,

trabalhistas e tributários. Assim, deixam de aproveitar parte expressiva dos benefícios da terceirização;

- não havendo parâmetros de custos internos, não são explícitas as bases de comparação com os custos de eventuais terceiros; muitas empresas não têm como analisar e comparar preços, daí ser imprescindível a existência de sistemas de custeio adequados;
- custo das demissões — quanto maior a quantidade de pessoas envolvidas no processo, maior o custo das demissões. Esse fator deve ser considerado juntamente com outros de cunho técnico e estratégico;
- o relacionamento com os sindicatos pode ser difícil em algumas regiões; muitos deles não se mostram atualizados em relação à legislação trabalhista;
- ausência de uma legislação trabalhista que suporte claramente o processo de terceirização. Em princípio, não haveria necessidade de legislação específica, por tratar-se de uma relação de negócios entre pessoas jurídicas. Porém, a legislação brasileira é conturbada. Com a Resolução nº 331 do TRT, muitas dúvidas foram dirimidas, podendo a terceirização ser praticada por qualquer empresa do setor público ou privado.

Com o aumento da competitividade, a busca da qualidade e a redução de custos são vantagens que a terceirização propicia como instrumento moderno de gestão. Quando adotada com precisão e competência, revela-se um caminho interessante a ser considerado para o sucesso empresarial.

A terceirização precisa ser vista como um processo de gestão, e não como modismo. Muitas empresas entendem-na como um modelo e não percebem que ela está inserida num processo maior, baseado na modernização da gestão e visando resultados rapidamente alcançados por meio de uma interação funcional capaz de fazer funcionar melhor uma organização.

O objetivo, portanto, é simplificar as organizações (estruturas, sistemas), buscando foco no negócio principal e parcerias que lhes deem condições de serem cada vez mais competitivas no mercado onde atuam.

Finalmente, parece haver consenso, tanto no âmbito acadêmico como no empresarial, quanto ao fato de a terceirização constituir-se num processo de mudança substancial nos modelos de gestão, muito distante da imagem inicial de simples modismo.

A partir dessa premissa, muitas ações vêm sendo empreendidas pelos gestores no sentido de incorporar tais práticas às suas empresas, beneficiando-se de modelos de gestão oxigenados, mais eficazes e menos onerosos.

Além dos aspectos financeiros, objetivamente mensuráveis e traduzidos em redução de custos, outras vantagens podem ser obtidas com a adoção da terceirização, como, por exemplo, maior agilidade nos processos administrativos e o direcionamento dos esforços e recursos das organizações para as chamadas "atividades-fim".

Este capítulo buscou oferecer a você algumas informações sobre o processo de terceirização nas organizações em geral e no ambiente das organizações hospitalares em particular. O fundamental, em nossa opinião, é a necessidade de se refletir sobre os limites da terceirização, a fim de que os serviços prestados não sofram prejuízos irreparáveis. Por outro lado, não se devem ignorar os avanços tecnológicos inerentes à área de saúde, nem sempre acompanhados por uma estrutura rigidamente verticalizada.

A seguir apresentamos as nossas conclusões, esperando que as informações aqui oferecidas adicionem conhecimentos à sua formação e desenvolvimento profissionais. Em abril de 2015 o Legislativo começou a debater um projeto de lei que regulamenta a terceirização no país. A grande mudança é que, se o projeto for aprovado, todas as atividades de uma organização poderão ser terceirizadas, sejam ou não integrantes de sua atividade finalística. Trata-se de um assunto muito complexo que ainda exigirá muitos debates e alterações no texto do mencionado projeto de lei.

Conclusão

Ao longo destes nove capítulos procuramos levar a você elementos fundamentais da logística em organizações hospitalares. Não nos limitamos à rotina dessas organizações. Ao contrário, apresentamos conhecimentos gerais sobre as organizações que podem ser aplicados ao setor de saúde, buscando associar a teoria à prática, numa linguagem acessível. No capítulo dedicado à previsão de demandas, utilizamos o mínimo de recursos matemáticos, indispensáveis para a matéria. Para complementar as leituras, você poderá encontrar exercícios, simulações e outros recursos de apoio ao processo de ensino-aprendizagem. Aos leitores em geral, recomendamos estudo e pesquisa sobre o material, buscando aplicações que atendam às suas necessidades e expectativas.

Considerando que, nas organizações hospitalares, as questões relacionadas a compras, estoques e armazenagem são as mais importantes, os capítulos referentes a essas especialidades trazem maior quantidade de informações. A tecnologia básica aplicada à logística, principalmente a tecnologia da informação (TI), foi igualmente examinada de modo detalhado, para que se tenha uma clara noção da importância de sua utilização. Esperamos ter assim contribuído para o desenvolvimento profissional dos leitores.

Referências

ANVISA. (Agência Nacional de Vigilância Sanitária). Resolução RDC nº 50/2002. 2002. Disponível em: <www.anvisa.gov.br>. Acesso em: 15 nov. 2008a.

_____. RDC nº 88/2008. *Diário Oficial da União*. Brasília, DF, 26 nov. 2008b.

_____. Bombinhas de CFC estão proibidas a partir de 2011. 2008c. Disponível em: <www.anvisa.gov.br>. Acesso em: 26 nov. 2008c.

_____ Portal institucional. Disponível em: <www.anvisa.gov.br>. [S.d.]. Acesso em: 26 nov. 2008.

BARBOSA, Renaud. *Decisões complexas*: introdução aos métodos qualiquantitativos. Rio de Janeiro: Brmídia, 2013.

BARBIERI, José Carlos; MACHLINE, Claude. *Logística hospitalar*: teoria e prática. São Paulo: Saraiva, 2006.

BERGWALL, David. Los programas de administración de la salud en Estados Unidos. In: *Foro Internacional: Administración de la Salud — enfoques, tendencias, propuestas*. Escola de Administración de Negocios para Graduados/Instituto de Desarrollo Económico, 1994.

BITTNER, M. *Globalization and information technology*. Technology Evaluation Centers, Montreal, 2006.

BOWERSOX, D. J.; CLOSS, D. J.; COOPER, M. B. *Gestão da cadeia de suprimentos e logística*. 2. ed. Rio de Janeiro: Elsevier, 2007.

CHRISTOPHER, Martin. *Logística e gerenciamento da cadeia de suprimentos*: criando redes que agregam valor. 2. ed. São Paulo: Thompson, 2007.

_____. *Logística e gerenciamento da cadeia de suprimentos*. 4. ed. norte-americana. São Paulo: Cengage Learning, 2011.

CHOPRA, Sunil; MEINDL, Peter. *Gestão da cadeia de suprimentos*: estratégia, planejamento e operações. 4. ed. São Paulo: Pearson, 2011.

CORRÊA. V. *Licitações e contratos*. Rio de Janeiro: FGV, 2006.

FITZSIMMONS, James, FITZSIMMONS, Mona. *Administração de serviços*. 7. ed. Porto Alegre: Mc Graw Hill, 2014.

GIOSA, Lívio A. *Terceirização* — uma abordagem estratégica. São Paulo: Pioneira, 1997.

HWANG, C. L.; YOON, K. *Multiple attribute decision making*: methods and applications. Berlin: Springer 1981. (Lecture Series in Economics and Mathematical Systems).

MÉDICOS SEM FRONTEIRAS. Portal institucional. Disponível em: <www.msf.org.br>. Acesso em: 20 nov. 2014.

LEENDERS, M.; FEARON, H. *Purchasing and supply management*. Chicago: Irwin/McGraw-Hill, 1997.

MENEZES, R.; SILVA, R.; LINHARES, A. Leilões eletrônicos reversos multiatributo: uma abordagem de decisão multicritério aplicada às compras públicas brasileiras. *Revista de Administração Contemporânea*, v. 11, n. 3, p. 11-32, 2007.

NOVAES, A. G. *Logística e gerenciamento da cadeia de distribuição*. 2. ed. Rio de Janeiro: Elsevier, 2004.

NUNAMAKER, J. F.; APLLEGATE, L.; KONSYNSK, I. Computer-aided deliberation: model management and group decision support. *Operations Research*, v. 36, n. 6, p. 826-848, Nov./Dec. 1988.

ORGANIZAÇÃO MUNDIAL DE SAÚDE (OMS). Portal institucional. Disponível em: <www.who.int/en/>. Acesso em 15 abr. 2015.

PINTO, Geraldo L. A. *Avaliação da atividade de suprimentos em organizações hospitalares*. Dissertação (Mestrado) — Universidade Federal Fluminense, Niterói, 2004.

RATZ, Wagner. *Indicadores de desempenho na logística do sistema nacional de transplantes*: um estudo de caso. Dissertação (Mestrado) — Escola de Engenharia de São Carlos, São Carlos, 2006.

SILVA, Renaud B. *Administração de material*: teoria e prática. 2. ed. Rio de Janeiro: Abam/FGV, 1986.

_____. *Análise estruturada das dimensões do desenvolvimento sustentável e a interdependência com a função transporte*. Tese (Doutorado em Engenharia) — Universidade Federal do Rio de Janeiro/Coppe, Rio de Janeiro 2008.

_____. *Planejamento do abastecimento, da distribuição e da entrega*. Rio de Janeiro: FGV, 2009.

Sobre os autores

Renaud Barbosa da Silva

Doutor (DSc) em engenharia oceânica pelo Instituto Alberto Luiz Coimbra de Pós-Graduação e Pesquisa de Engenharia da Universidade Federal do Rio de Janeiro (Coppe/UFRJ), livre-docente em logística (administração de material) pela Universidade do Estado do Rio de Janeiro (Uerj) e mestre em administração pela Escola Brasileira de Administração Pública e de Empresas da Fundação Getulio Vargas (Ebape/FGV). Professor da Ebape/FGV, coordenador do Programa de Pesquisas em Logística e Operações dessa escola e coordenador dos MBAs de Logística Empresarial e de Gestão de Organizações Hospitalares e Sistemas de Saúde do FGV Management. Coordenador do Bloco Curricular Operações do Curso de Graduação Tecnológica em Processos Gerenciais do FGV Online. Executivo com experiência de 30 anos em todos os níveis hierárquicos das áreas de logística e de serviços na Petrobras e em Furnas. Consultor da FGV Projetos.

Geraldo Luiz de Almeida Pinto

Mestre em sistemas de gestão pela Universidade Federal Fluminense (UFF), especialista em gestão pela qualidade total, com graduação em administração. Professor do FGV Management nas disciplinas de gestão da demanda e estoques, suprimentos, compras, negociação, logística e *supply chain management* nos MBAs de Gestão Comercial, Gestão Empresarial, Gestão de Saúde, Gestão de Projetos e de Logística Empresarial. Exerceu cargos executivos na Petrobras nas áreas de compras, gestão de estoques e logística de suprimentos. Atua como consultor da área de negócios internacionais da Petrobras, implementando projetos em diversos países.

Antonio de Pádua Salmeron Ayres

Mestre em engenharia de produção, especialista em logística empresarial e economia de empresas, com graduação em administração pela Universidade Metodista de Piracicaba. Desenvolve projetos na área de logística em empresas privadas industriais, comerciais e de serviços há 34 anos, incluindo OH e leciona em cursos de graduação, pós-graduação e MBA há 21 anos, tendo elaborado e coordenado vários programas de pósgraduação. É professor convidado e autor no FGV Management e Cademp há 18 anos. Ocupou posições de dirigente em logística em organizações multinacionais, com responsabilidades de âmbito latino-americano..

Bruno Elia

Mestre em engenharia de produção pela Coppe/UFRJ, MBA em finanças corporativas pelo Instituto Brasileiro de Mercado de Capitais (Ibmec), especialista em logística hospitalar pela

Fundação Oswaldo Cruz (Fiocruz) e engenheiro de produção pela UFRJ. Gerente de marketing da Embratel. Membro fundador do Programa de Capacitação em Ergonomia Hospitalar da Coppe/UFRJ. Participante da elaboração do mapeamento e otimização de processos logísticos em diversas empresas prestadoras de serviço, como Banco do Brasil, Embratel, Aliança Navegação, Hospital Universitário Clementino Fraga Filho e Hospital Municipal Lourenço Jorge. Professor convidado no FGV Management.

Este livro foi impresso nas oficinas gráficas da Editora Vozes Ltda.,
Rua Frei Luís, 100 – Petrópolis, RJ.